中学受験生を見守る

最強メンタル！

おおたとしまさ

光文社

中学受験生を見守る

最強メンタル！

おおたとしまさ

はじめに

こんにちは。教育ジャーナリストのおおたとしまさです。

「いい学校とはどんな学校か」「いい教育とはどんな教育か」をテーマに、様々な教育現場を取材して、ルポルタージュを書くことが生業です。

そんななかで、避けては通れないのが中学受験というテーマです。中学受験は、教育虐待にも不登校にも教育格差の問題にもつながっているからです。つまり私は、中学受験を「外」から見ています。それが中学受験業界の「中」にいる人たちが書く中学受験本との違いだと、自分では思っています。

私の視点から見ていると、今の中学受験は一部であまりに過酷です。子どもにとってはもちろん、親にとってもあまりに負担やストレスが大きすぎます。

そこで親がブレてしまったり、我を失ってしまったりすると、子どもも自分の実力を発揮できなくなります。するとさらに親は不安になり、その不安を子どもにぶつけてしまい、悪循環が止まらなくなります。

これは親子にとって大変辛《つら》い状況です。しかもなかなか自力では抜け出せません。「誰か、こんな私を止めて！」って、親御さんも苦しみながら心の中で叫んでいるんです。

飛行機が乱気流に巻き込まれた時、天井から酸素マスクが出てきますよね（幸い私は経験したことがありませんが）。子どもが同乗している場合、子どもよりも先に親が酸素マスクを装着するのがルールです。まず親が、落ち着く必要があるからです。

中学受験という乱気流の中でも同じです。まず親が、心に余裕を持てていなければ、子どものパフォーマンスも上がりません。親が既に酸欠になっているのに、その状態のままわちゃわちゃやっても、ますますパニックに陥るだけです。

かつて私は心理カウンセラーの資格を持っていたこともあり、今でも雑誌などの企画の一環で、中学受験に悩む親御さんの相談をお受けすることがあります。

ご存じない方も多いかもしれませんが、心理カウンセラーって、原則的にアドバイスはしないんです。モヤモヤを晴らす答えは、必ず相談者自身の中にあるんです。それを一緒に見つけるお手伝いをするだけなんです。

中学受験に関する相談でも、私の場合、基本的に心理カウンセラーのスタンスをとります。だから、私からは、極力アドバイスしません。

それでも相談者の話をよく聴いて、相談者自身も無自覚な思い込みや心の癖に気づいてもらうための質問をしていくことで、いつのまにか相談者自身の視野が広がり、今まで見えていなかった解決策に気づいてもらえます。

私からは何もアドバイスしていないのに、話をしているうちに自分のすべきことがわかってきて、相談者の表情が明るくなっていきます。最後は、「スッキリしました！」と笑ってくれるようにもなります。

いきなりですが、第1章は中学受験終了組の座談会です。悩みに悩んで駆け抜けてきた親の目に、何が見えるようになるのかをまず知ってもらいたいからです。中学受験を終えて、その結果を受け入れて、自分たちが中学受験をした意味がようやく見えてくるものです。決してバラ色ではないけれど、荒野でもない。爽やかな風が吹いていて希望を感じる広大な平原に親子で立っているイメージが伝わるんじゃないかなと思います。それが数年後の皆さんの姿です。

そのうえで、第2章から第5章には12の相談事例が掲載されています。すべてリアルな中学受験当事者からの相談です。子どものやる気の引き出し方から、勉強サポートの方法、学校選び、夫婦の葛藤に至るまで、中学受験の親の悩みの定番どころが一通り網羅されているはずです。実は第1章の座談会に出てきた親御さんも含まれています。終わってしまえば晴れやかな気持ちになりますが、渦中にある時は、みんな五里霧中だったということです。

表面的なテーマは子どものやる気だったり、習い事との両立だったり、学校選びだったり、塾との関係だったりしますけど、悩みの本質は、相談者さんが無自覚のうちに持っている中学受験観、子育て観、世の中観、人生観の偏りだったりします。だんだんと心の深いところを掘り下げていくように、本書は構成されています。

裏を返すと、中学受験観、子育て観、世の中観、人生観の間にズレが生じるから、悩みが生まれるのです。考えてみてください。中学受験は子育ての一部です。子育ては子どもと世の中をつなげるお手伝いです。世の中をどう見るかは、子どもの人生観に大きな影響を与えます。これらがブレない価値観で一気通貫していなければ、たとえ中学受験で〝いい結果〟を出しても、子どもの人生はおぼつきません。中学受験で悩んだとしても、子育ての観点から、世の中とのかかわりの観点から、人生の観点から判断すれば、自ずと選ぶべき道が見えてきます。

第2章から第5章のやりとりのなかで、太字にしてあるところは、中学受験にのぞむ態度として強調しておきたいメッセージです。エンジ色の文字になっているところがメンタルエクササイズのポイントです。その各ポイントについて、わがこととしてじっくり考えてみることが、要するに凝り固まった心の柔軟体操になります。効果的なストレッチのためのヒントを、各相談事例の後に掲載していますので、適度な〝痛《いた》気持ち良さ〟を味わってください。

相談者と私のやりとりを読むうちに、読者の皆さん自身の中にもある思い込みや心の癖に気づいたり、逆に自分の信念を強化したりできるはずです。あるいはいい意味での諦めを得られるかもしれません。そうして第5章を読み終えた頃には、簡単には折れないしなやかなメンタルが得られるのではないかと思います。

第6章にはいよいよ〝ボスキャラ〟が登場します。これとどう対峙するかが中学受験の親にとって最大の難題です。いきなり挑んでも歯が立ちませんから、簡単には折れないしなやかなメンタルを手に入れたうえで、第6章を読んでください。

何度ボスキャラにやられても立ち上がる、諦めない気持ちが大切なんです。子どもに「諦めないで頑張りなさい」って声をかけることがあると思いますけれど、それを言うなら、親自身が諦めないことが前提です。

どんなに強い力が加わっても、うまくしなって受け流す。それが最強メンタルです。

というわけで、本書には直接的に子どもの成績を上げたりやる気を引き出したりする方法はほとんど書かれていませんが、親御さんが心の安定を取り戻すことで子どもがやる気になったり子どもの成績が安定したりする効果が間接的に得られる可能性は、十分にあるだろうと思います。

中学受験をしようがしまいが、親は、親であるがゆえに味わう苦しみや葛藤から逃れることができません。そして中学受験の約3年間には、そのほとんどがギューッと凝縮されます。だから大変なんです。

でもその濃厚な苦しみや葛藤としっかり向き合えば、中学受験は親を飛躍的に成長させる機会にもなります。そうすれば、来《きた》るべき思春期も、大学受験も、その後の就職やら転職やら結婚やらについても、子どもを信じて見守れるようになります。せっかくなら、中学受験をそういう機会にしてほしいと思います。

心配はいりません。本書を手に取り自分自身と向き合おうとしている時点で、皆さんは中学受験生の親として既にかなりイケてますから。

CONTENTS

第3章

あなたの信念を揺るがしているものは何ですか？

Lesson2　子育て観を揺さぶる

第5章

負けたらなくなるプライドって何ですか？

Lesson4　人生観を揺さぶる

※第1章から第5章までは雑誌「VERY NaVY」の企画として2020年3月から2023年5月にかけて本誌およびウェブサイトで公開された記事を再構成したものです。

カバーイラスト / Jody Asano
カバー・本文デザイン / 西垂水敦・内田裕乃（krran）

第1章

2月2日の夜、
娘は「ごめんなさい」
を連呼した

中1ママたちの
中学受験振り返り座談会

Sさん……小2からサピックス、小3から算数塾にも通塾。「算数男子は中学受験に強い」を体現し、難関男子校（第二志望）に進学。

Hさん……小3〜小4まで早稲田アカデミー、その後半年間のブランクを経て栄光ゼミナールに通うも、小6の夏に中小規模塾へ転塾。難関男子校（第一志望）に進学。

Iさん……小3からサピックスに通塾。アクティブ・ラーニング型の学びを重視する、難関女子校（第一志望）に進学。

司会……座談会を主宰した雑誌「VERY NaVY」編集部。

小6で転塾して息子が開眼、親も憑きものが取れた

司会　SさんとHさんは以前、「VERY NaVY」の連載に出ていただきましたが、その後、2021年に受験を終えて、今日は初めましてのIさんも合わせて3人の中1ママに集まっていただきました。まずは、皆さんの中学受験がどんなものだったのかをお聞きしたいです。

H 目先の偏差値にとらわれず、子どもが自分で立てた目標に向けて自ら努力するという形で受験を終えられたことが本人の成功体験になったし、私にとっても本当にいい中学受験だったなと。息子の学校は独特な雰囲気ですが、中学受験をする意味があの学校に集約されていると私は思っていて。本当に受験して良かったと思っています。

I おおたさんはよく「理想の学校は白馬の王子様みたいに現れない」とおっしゃっていますが、本当にその通りでした。いろんな学校を回って、どこも楽しそうと娘は言っていましたが、進学先の文化祭に行った時に初めて自分から「ここに行く」って。理屈では説明できないけど、特別な空気を感じたのかな。

おおた そう聞くと、白馬の王子様に出会ったんじゃん！と思ってしまうけど。

I いや、親が白馬の王子様を見つけなきゃとどこかで思っていたんですけど、最終的には子どもが決めることなんだなって。目標を見つけて以降、受験を自分ごととして捉えることができた気がします。

S 中学受験について、「小学生にあんなに勉強させるなんてかわいそう」という声もたまに聞きますよね。東京に住んでいて野山で走り回れる豊かな環境があるかというとそうじゃないし、我が家は共働きで学童に入れていたので、それなら塾で勉強をするのもいいのかなと思って始めたんです。あと、私自身も一貫校育ちで、多様性がないとか言われたりもしますが、それって捉え方の違いで、食べる物に困ったり塾に行けなかったりする友達は確かにいませんでしたが、頭が良いとかいろんなことに秀でている友達と切磋琢磨する環境という意味では、多様性があったと思っていて。なんで中学受験を選んだのか、我が家の答えはそこだったなと終わって改めて気づきました。

おおた それにしても皆さん、超人気校にお子さんが進学されて。学校名を出したら嫌味になっちゃうんじゃないかなというくらい（笑）。

司会 進学先をお聞きせずに依頼しているので、そういった意図はありません（笑）。2021年の受験生はコロナが直撃した学年でもあり、例年とはまた違う大変さがあったと思います。

S 直前期も感染者が減らなくて、本当に受験できるのかという不安と、親が仕事に出て感染者や濃厚接触者になったら一生申し訳ないという怖さもあって、それが例年にない不安でしたね。けど、逆に言うとテレワークが許されて、特に1月はほとんど家を出ずに過ごせたのは良かったです。息子も1月から学校を休んでいたので、狭い家に3人で集まってぎゅうぎゅうでしたけど。親がいたから緊張感を持って勉強できたのかなって。

H 私もコロナ以降ずっとテレワークでした。特に監視下に置いたわけではないですが、親が家にいる安心感はあったのかな。私の体力的にも楽でしたね。塾のお弁当もちゃんと作れるし、一日2回のお弁当も対応できるし。転塾したことも含めて、実はコロナのおかげだと思うことはたくさんありました。

おおた　転塾？　6年生で？

H　はい。通っていた塾のコロナ対応に納得がいかなくて、6年の7月に小規模塾に転塾したんです。そこでスイッチが切り替わったのか、息子がすごく勉強するようになって。

おおた　それは塾が気に入って？

H　そうですね。先生にハマって。

おおた　中小規模塾の強みが出た形ですね。ギャンブル大成功でしたね！

H　夏前まではどうやってZoom授業をサボるかしか考えてなくて、私がテキストを投げ捨てたこともあったのですが、転塾してからは夏休みも自習室を使ってずーっと塾にいたので、私もすごく穏やかになれて、夫もそんな私を見て安心して、家庭の雰囲気が良くなりました。転塾した先で特に国語を伸ばしていただいて、第一志望に受かることができたと思っています。

司会　SさんとHさんには連載時にもご登場いただいていますが、当時のお悩みはその後どうなりましたか？

S　我が家はパパ主導で私はほぼノータッチだったので、これでいいのかなと思っていたのですが、結局最後までそのままでした。国語だけは私が見るように夫に言われていて、直前期に漢字のチェックだけしましたが、それって誰でもできますよね（笑）。

H　うちは夫がまったく協力的じゃなくて、私の負担が大きかったのもあって精神的にすごくしんどくて、勉強しない息子にガミガミ言っていたんです。せめて夫に受験校の一つくらいは見てもらおうと思って、パンフレットをもらいに夫と息子で行かせましたけどその程度。今も夫は息子の学校に大して興味ないですね。結構難しいんでしょ？　くらい。夫が初めて息子の学校に入ったのはこの前の文化祭です。

司会　旦那さんは協力的じゃなくても、信頼できる塾に出会ったことでHさんの負担やストレスも軽減されて、結果的にはいい形になって。

H　安心してお任せできる先生に出会えたことが、本当にラッキーだったと思います。コロナがなければ転塾もなかったわけで、例年だったらもしかしたら第一志望に合格することはなかったかもしれないですね。

おおた　逆に、コロナでペースを崩しちゃった子もいたかもしれないし、どちらにしてもご縁ですよね。

2月2日の夜、泣きながら「ごめんなさい」と謝る娘

司会 コロナを乗り越えて、やっと迎えた2月。ドラマ以上にドラマチックなことが起こると言われる受験本番ですが、入試当日のお話をうかがえますか。

I 子どもの受験は本当に何が起こるかわからないと痛感しました。娘は進学先に2回目入試で受かっていて、1回目は不合格だったんです。塾の先生からは「1回目は多分大丈夫ですが、倍率が上がる2回目はちょっと怪しいので、1回目で受かってください」と言われていて。1日午前に試験が終わって本人は割と手応えがありそうだったのですが、2日に不合格がわかって、さらに2日に受けた併願校の不合格も2日の夜にわかって。その時に娘がワーッと泣きながら「ごめんなさい、ごめんなさい」って謝ったんです。兄弟に挟まれて割と手のかからないタイプの娘が、あんなふうに激しく泣くのを初めて見て、「私はなんてことをしてしまったんだろう。とんでもない間違いをしてしまったかもしれない」とものすごくショックで、塾からも「申し訳ありません」と謝られました。本人も2回目入試は難しいとわかっていたので、「もう受けたくない、(合格をもらっていた)1日の午後校に行く」と言ったんです。でも、塾の先生はやっぱりすごいと思いました。結果を報告した電話で娘が10分ほど話した後に「やっぱり受ける」って。吹っ切れた様子で。もう一度受けたところで私は

内心無理だろうなと思いつつ、本人が納得すればいいとも思っていて、信じる気持ち半分、もうやるしかないという気持ち半分でした。だから、合格発表を見た時は本当に信じられなかったです。模試の結果も参考にはなるけど80％はあくまで80％だし、子どもはちょっとしたことで躓《つまず》くんだなと実感しました。一生忘れられない数日間ですね。

おおた 娘さんもその日のことは一生忘れないですよね。1回目入試でも本当にボーダーだったんでしょうね。

I でも、後から問題を見たら、算数の大問1の（1）から間違っていたんです。気持ちの弱さがあったのかなって。

S うちも2日に息子が大泣きしました。まず、いけるかなと思っていた1日午後の算数選抜の不合格がその日の夜にわかって、翌朝にそれを息子が知ってしまって、メンタルが落ちた状態で2日の併願校を受けに行きました。試験中に前日の第一志望の結果がわかって、試験が終わった息子に伝えたら大泣きして。うちも塾の先生と電話でお話ししました。それまではどんな先生が担当かわからないし、クラスもしょっちゅう変わるし、サピックスはドライだなと思ったこともありましたが、電話で「ここが君の人生の踏ん張りどころだから」みたいなことを言ってくださって。そこで気持ちを切り替えて、3日の第二志望に合格できたのかなと思います。1日2日は親子ですごく沈んでいて、中学受験ってこんなにうまくいかないものなんだ、こんなに心身ともに辛いんだと打ちのめされましたね。

おおた 2月の数日間のことだけで2時間くらい話せますよね。なかなか進学先が決まらなくてギリギリまでずれ込んだ親御さんは、一生で一番辛い一週間だったと言いますから。

司会 塾の先生は勉強を教える以上の存在意義があると、おおたさんは常々おっしゃっていますが、親子のメンタルケアの役割が本当に大きいんですね。

おおた その状況に置かれた時にどうなるかを毎年見ているから、どういう声がけをすればいいかよくわかっていますよね。

H うちは1日午前は不合格でしたが、その後は順調だったので精神的に楽ではありました。1日の午後校は上位クラスで合格もいただいて、私はそこに進学してもいいと思っていたので。2日以降は試験が終わった足で塾に行って、まだやってない過去問などを見ていただいて。4日の第一志望の2回目入試も落ち着いて挑めたかなって。

おおた 1日で不合格だった時はどんなお気持ちでした?

H 「もう次、次!」という感じでしたね。下に幼稚園の子がいるので、家族のムードを察しておちゃらけてくれたりして。息子も1日は午前午後と受けてすごく疲れていたので、1日の合否を知ることなく寝ましたし、翌朝に午後校に受かったよと言っても、「あぁ、そうなんだ」みたいな。とても平常心でしたね。

おおた　1日の結果を知って、お父さんの反応は？

H　「やっぱり難しいんだね」ってあっさり。基本、動揺しない人なので。でも、珍しく息子が好きなご飯を作って待っていてくれました。

司会　不合格だった時の子どもへの声がけは、一番気を遣うところですよね。

H　もともと第一志望は偏差値が足りてなかったので、「まぁ、そんなこともあるよね。明日また頑張ろう！」って。とはいえ、結果がわかった瞬間は「あぁ〜」っていう気持ちをさすがに隠した記憶はあります。

S　絶対に責めたり泣いたりしないようにとは思いましたけど、ある程度顔には出ちゃっていたかもしれません。でも、口から出まかせでも何でも、前向きな言葉をかけました。

H　一番ショックなのは本人ですからね。

司会　入試がすべて終わって、進学先が決まった後のお子さんの様子はどうでしたか？

S　ずっと第一志望を目指して頑張ってきましたが、意外とあっさり3日くらいで切り替わりました。あまり活発なタイプじゃない息子が、受験直後から卒業するまで毎日友達とあちこち遊びに行っていたので、やっぱり遊びたいのを我慢していたんでしょうね。

H　息子は入試直前まで登校していたので、お休みしたのは2月の4日間だけ。5日から学校に行ってその週末にはスポーツクラブにも復帰しました。やり切ってスッキリ！という感じですよね。

I　うちも娘は終わってすぐに切り替わってました。2週間くらい学校を休んでいたので早く学校に行きたいって。塾のテキストも捨てていいよと言われて、親のほうがちょっと寂しくなりましたね。娘よりも私のほうがなかなか疲れが取れなくて、しばらくだるかったです。溜《た》まっていた疲れが一気に出たんでしょうね。あの数日間で起きた気持ちのアップダウンは、これまでに経験したことがなかったですから。

不合格を経験しているからこそ中学でも頑張ろうと思う

司会　志望校や併願校選びもとても悩むところだと思いますが、皆さんはどうやって決めたのでしょうか？

H　進学先は4年生の時に私一人が見学に行きましたが、いい学校だけど届かないだろうなぁと思って、別の学校を第一志望にしていたんです。でも、息子がモヤモヤしている雰囲気はずっと感じていて。6年の秋にいくつか説明会が取れた中に進学先もあって、息子も見ることができて。いい加減、第一志望を決めなきゃという12月に「どこがいいの？」と聞いたら、今の学校を挙げたんです。その時点で偏差値は足りていないので「行きたいなら頑張らなきゃね」って。中学でもスポーツを続けたかったので、設備や部活の強さである程度は絞っていましたけど、そこから先は雰囲気でしょうね。カリキュラムがどうとかは私もよく把握してなくて。

司会　おおたさんが著書『なぜ中学受験するのか？』（光文社新書）で言うところの「大切なのは、シラバスよりハビトゥス」ですね。

S　私自身が女子校育ちで、共学に憧れもあったのですが、息子は男子とつるむタイプで男子校がいいと。第一志望も男子校でした。実は今の進学先は説明会に行ったことがなかったんです。でも、模試の会場になったことがあって、息子が「今日の学校すごく好きだった」と話していて。本当にインスピレーションでしかないですが、共学も別学も伝統校も新興校も幅広く見た中で、息子には伝統校が合っているかなと。入学して驚いたのが、部活も教科連絡もすべてメールで、宿題の提出もＰＣ。入学後に一括購入しました。ずっと画面を見ているので「ちゃんと勉強してるのかな？」って（笑）。もっとアナログだと思っていたので、ちょっと驚きました。

H　うちは完全にアナログです。一応Ｔｅａｍｓだけつなげるように言われましたが、オンライン授業は一切ないですね。

I　そういう意味で予想通りだったのは、「入試問題は学校からのラブレター」ということ。

入試問題には、こういう子が欲しいというメッセージが込められていますよね。娘の学校の国語はすべて記述ですが、授業でもとにかく読ませるし書かせるんです。夏休みの宿題では、原稿用紙10～12枚で先生に向けて自己紹介するエッセイがあって、何をどこから書き始めればいいかわからなくて結構苦労していました。課題図書も多くて、内容も割と重めのものばかり。娘のようにそれなりに本を読む子でも大変なんじゃないかなと。けど、そういうことを中1の時間があるうちにやってもらえるのはいい洗礼になったと思います。

H　息子は一発勝負みたいに入っちゃったところがあるので、周りはコツコツ努力できる子たちが集まっているなぁと。大らかな校風は予想通りで、びっくりするような成績を息子が取ってきても「大丈夫です、今は部活に専念させてあげてください。男の子は後伸びしますから」って。あと、息子曰く、校長先生の話が意外と真面目だそうです（笑）。学校見学に行った中で、校長先生の話が面白いからと決めたのに、入学してみたらそこまで笑いをとってこないって！

おおた　そうなんだ！　僕もお付き合いのある先生ですけど、僕らの間ではいつも笑いをとりにいってますけどね（笑）。

H　本当にゆる～い雰囲気なので、校長の話くらいは締めなければと思っているのでしょうか（笑）。「男の子はそのうち成長しますから」と常々言ってくれるし、多少やらかしても「はい、はい」と面白がってくれるので、中だるみ万歳！みたいな感じ。成績の順位も出ないですし。そのうち自立するだろうと淡い期待をさせてくれる学校に入れて、本人は幸せだろうなと思いますね。

S うちは順位がしっかり出ますが、御三家落ちの子も多い中で、息子の成績を見るとここが合っていたなって。本当に優秀な子が多くて、正直ここ以上に入らなくて良かったと思いました。あと、勉強以外にも秀でている子が多くて、こういう環境で切磋琢磨できるのは素晴らしいなと感じています。中学のうちは塾に行かせないでほしい、学校でちゃんとやっていれば十分な力がつきますと言われているので、今のところ通塾率は低そうです。

司会 親にとっては合格がゴールですが、子どもにとってはスタート。入ってからどう過ごすかが重要ですよね。

H それで言うと、息子の周りだけの話ですが、第一志望で入った子が少ないのかも。余裕かと思ったら、全然違って、できる子が多かったってみんな言ってるみたい。とはいえ、普通に真面目にやっていれば大丈夫だとは思うんですけど、それがなかなかできないんですよね。まぁ、6年間かけて頑張ってくれたら。

I その点、女子は最低限ちゃんとやるかも。娘は一度落ちているという恐怖心もあって、自分より頭の良い子がいるという気持ちがあるからなおさらかな。女の子って、友達のノートを見てすごく綺麗に書いてるから自分も頑張らなきゃと思ったり、インスタグラマーの子が勉強してる姿をタイムラプスしてるのを真似してやってみようとか、勉強も可愛く楽しく頑張りたいって、何でもモチベーションにできるんですよね。

S・H ……そんなのうちの男子には響かない！（笑）

おおた 性別で個人の特性を決めつけるのはもちろんナンセンスですが、僕もいろんな学校や子どもたちを取材している中で、別学は集団として見た時に表れる性差による特性を生かして、上手に伸ばしてくれる印象がありますね。

I 娘の学校は比較的穏やかな雰囲気ですが、保護者会で「今はいい子ちゃんに思える子たちが絶対に面倒くさくなってきます。でも、面倒くさくなっていいんですよ。私たちは慣れていますから、ウェルカムです」とおっしゃって。女の子は取り繕いがちなところがあるから、この教室ではそんなことしなくていいんだよ、本音で言いたいことを言っていいんだよって、子どもたちにも伝えてくれているみたいです。

おおた Iさんの学校は本音を言えるように様々な仕組みができてきて、3日に1回、席替えをして友人関係を築いたり、教室の中では何を言っても認められるんだと教えることに中1の時間を使いますよね。すごくいい取り組みだと思うし、あのプログラムは、共学だと機能しづらいんじゃないかなぁ。

I　娘は親に心配をかけまいと頑張っちゃうところがあって。受験中もあまり弱音を吐かずに淡々と頑張っていましたし、本音を言うのが苦手なタイプかなと思って、面倒見が良さそうな学校を探しました。この先、壁にぶつかることもあると思うので、そういう時に学校側からも働きかけしてくださるといいなと。

おおた　全部お母さんがケアしなくても、中学生になれば友達や学校に癒されることもあるだろうし、淡々と頑張れちゃうことがこの子の取り柄なんだと捉えたらいいと思います。もし、家で辛そうにしているなら「最近、疲れてない？」とか一声かけてあげて、親として「ちゃんとあなたのことを見ているよ」というのが伝われば、頑張れちゃう子なんだろうし。そうやって自分の感情を抑えちゃうところがある子が、2月2日に親も驚くほどの感情の吐露をできたことが一つの成長だったと思うから。中学受験でもなければなかなか経験しなかったことかもしれないですよね。

第一志望合格でも、そうでなくても、「いい受験」のコツ

司会　抽象的な質問になりますが、皆さんが中学受験をして得たものは何でしょうか？

I　合格だけで終われたらそれはそれで素晴らしいですが、まだ親が見守れるうちに突き

落とされる経験をするのは大事だったと思います。努力が実らないこともある、世の中の辛さをあの年齢で知れたのは意味があったなと。最終的には合格をいただいたので、何とかなるという自信も得られたと思うし。親が得たものは、ひたすら忍耐力。結局、最後は見守るしかできないんですよね。

おおた　失敗体験ってすごく重要で、動物も独り立ちする前に一通りの危険に親が付き添って、あえて失敗させるんですって。しかも、大人が同じ失敗をしたら責めるのに、子どもが失敗しても責めないで寛容でいる。親がフォローできるうちに失敗体験をするのはすごく理にかなっているなと思います。

S　子どもは思考力が深まったと思います。その力はこの先ずっと生きていくだろうし、あの年齢でガッツリ勉強するのはいい経験だったなと。親としては、やる時はやる子だという信頼感を持てました。この先どうなるかわからないけど、いよいよまずくなったら最後は自分でやるだろうから、任せておいて大丈夫と見守れるようになったかな。

H　息子はもともと自己肯定感が高い子ですが、やればできるというのはすごくいい経験で、さらに自信になったかなと。私も受験中は口うるさく言ったこともあったけど、こういう学校に入れたからには見守ろうと決めています。

おおた　Hさん、連載の時はいろいろと悩みがありましたよね。別人のように達観している

んですけど、こんな方でしたっけ……？（笑）

H （笑）。6年の夏以降、本当にイライラしなくなったんですよね。それまではもうちょっと夢見がちで、親の欲も出ていたけど、そういうことじゃないんだと原点に立ち返った感じ。それこそ、どうして中学受験するのか？という話で、自分も一貫校に通ったのがすごくいい経験だったから、子どもにも同じ経験をしてほしいんだと思い出しました。

司会 中学受験に参入する家庭は年々増加しています。奮闘中の保護者に伝えたいことがあればお聞きしたいです。

I 5年生以下の方に伝えたいのは、今思うと、4、5年の時からテストの点数でキリキリしないで、もっと大らかに構えてあげたら良かったなと。渦中にいると難しいんですけどね。家族でお出かけしていろんなものを見るのが大事だと思います。歴史も生の知識を持ってから触れると何倍も楽しめるし、スケジュールに余裕のあるうちに、そういう時間を親子で持てたら素敵だと思います。6年生の親御さんは自分のリフレッシュの時間も取ってほしいです。親が穏やかなほうが絶対うまくいくから。友達とランチしたり趣味を楽しんだり、子どもと離れる時間を持つことをおすすめします。

S 最後はその子に相応《ふさわ》しい学校に決まると聞きますが、本当にその通りだと思います。子どもと塾をちゃんと信じれば、きっと相応しい場所に導いてくれるはず。テクニック的なことを言えば、息子は算数だけ先取りしていたことが自信になったので、本人に無理のない範囲で得意科目を作ると、5、6年以降が楽かもしれません。

おおた 4、5年生のうちから弱点補強するくらいだったら、得意なところを伸ばしたほうが長い目で見て、得ですよね。

I ご自身が中学受験を経験した親御さんも多いと思いますが、私の場合、自分の時のほうがはるかに楽でした。メンタル面もそうですし、たまに「教えて」と娘が持ってきたものが、私はこんなに難しいことはやっていないという内容ばかりで。今の子は本当に厳しい世界で闘っているし、健気《けなげ》だなぁと思います。

おおた 実際に、やらなきゃいけない量がこの数年間で3~5割増になっていると、塾の先生から聞きました。要はあらゆるパターンを詰め込んでいるんですよね。基本的なことを教えて、あとは自分で応用して解けるよねという勉強じゃなくて、応用問題そのものを一通り解かせる形になっているから負担が大きくなっている。過当競争なんです。最難関に行くなら仕方ないけど、そうじゃない子たちは付き合わなくていいんじゃないの?って。その競争に乗っからずに自分のペースで勉強して、これが実力なんだと思って入れるところに入れれば、どこへ行っても大丈夫というのが僕の主張。

H 親が「○○に入らないと意味がない」と思ってしまうと、すごくしんどい受験になります。上を見たらキリがないし、とにかく人と比べないこと。これは本当に声を大にして言いたいです。4年生くらいだと、迂闊《うかつ》に「誰々ちゃんはこのくらいの偏差値で」とか言うけど、そんなことしても何の意味もないですから。子どもと親の心の平穏を最優先にして、子どもと塾を信じましょう。

おおた　過当競争から子どもを守れるのは親だけ。これがあなたなんだねとまっすぐまなざされるだけで子どもは嬉《うれ》しいんです。どんな結果であれ、最後に親が笑顔になってあげられれば、それが子どもにとっての「桜咲く」です。その経験は、子どもの人生を支えるお守りになります。理想論に聞こえるかもしれませんが、教育虐待とか、親子関係の破綻とか、第一志望に合格してもバーンアウトしてしまう事例とかも散々取材してきた僕にとっては、そっちのほうが現実なんです。

第2章

第一志望に受からなかったら何が困るんでしたっけ？

Lesson1
中学受験観を揺さぶる

Case 1

無理せずそこそこの一貫校に入って早慶くらいには行ってほしい

Kさんの場合

【家族構成】 夫、長女（小3）、次女（4歳）

【今回相談する子どもの状況】

小3の2月を控え、希《のぞみ》学園に入塾予約済み。他、バレエ。住んでいるエリアの中学受験の過熱ぶりを見て、「子どもに無理させない範囲で入れる学校を目指す」ことを約束事にしようと思っているのですが、そんなことが可能でしょうか？　また、共学を志望していますが、名の知れた共学進学校は偏差値が高いし、共学といっても大学附属校に入れちゃうのももったいない気がして迷います。

K　自分の中学受験はすごく楽しくて、いい成功体験でした。でも今はすごく大変だとも聞きます。娘にもいい経験をしてほしいと思うけど、それは甘いのかなって。あと、自分が2校受かって、行きたい学校はレベルが高いほうだったんだけど、母親に「無理しなくていい

んじゃない」って言われて、偏差値的には低いほうに行ったら、6年間ずっとほぼトップの成績を取れてすごく楽しかったんですよ。だから、偏差値だけじゃないなとわかっているし。だから悩みとして言うならば「ゆるい中学受験じゃダメですか？」ということです。それと、私自身に女子校コンプレックスがあるので、共学に入れたいんですけど、そこそこの共学ってやっぱり難しいですよね。「あんまり無理はしたくない、でも共学には入れたい、甘いですか？」みたいな。

おおた そこそこのレベルってどれくらいをイメージしているんでしょう？

K 四谷大塚の偏差値で50ちょい上くらいとか？　私は大学が青山学院大学でした。中学受験の成績では青学なんて絶対に受からなかったけど、最終学歴では並べちゃったみたいな経験もあって。だから、今は大学附属校が人気だと聞きますが、大学で外を受ける生徒が多い学校のほうがいいかなとも思っています。

おおた 女子校がすごく楽しかったのに、女子校コンプレックスがあるというのは？

K まず、男性の友達がいない。今も一人もいない。あとは、男性を見る目がなさすぎる(笑)。結果、今の夫で良かったかもしれないけど、結婚相手を選ぶって就職とかよりも一番大事なのに、その目を女子校では養えない。みんな10代から20代、悪い男としか付き合ってないんですよ！　出会いも合コンしかないし、結婚相手を選んだり男性を見る目がなさすぎて、それがちょっとなぁって。しかも、うちは姉妹なので、日常的に男性がいたほうが健全かなって。それに女子校時代の友達は働いてない人が多いんですよ。今は時代が時代だから変わってるかもだけど、社会で活躍する子にはなってほしいし。

おおた まあそうすると、あと数カ月で中学受験生活が始まるよという時に、いろんな不安がわーっと押し寄せているっていうことですね。

K そうです。

おおた まず、みんな最初は不安だよっていうことと、その中でお母さんが中学受験に良い体験を持っていることは、お子さんの中学受験をサポートするうえでの一つのリソースではあると思うんです。

K あとは、学校見学が全然できなくて、これが続いていくならどうやって学校を選んでいいか悩みます。一方で、コロナによって、上手にオンラインにできたとか、逆にそうじゃない学校も聞くし。ちょっと閉鎖的で小規模な学校だと、校長先生のさじ加減に左右されちゃうとかも聞くし。コロナでこうなった今、学校選びの新しい知見が必要なのかなって。

おおた 基本的にはコロナだからって学校選びの基準を変える必要はないと思う。オンラインにパッと切り替えられた学校は、単にトップダウンな組織だという可能性もあるわけで。中国やロシアのコロナ対応が迅速だったのと同じ理屈で。

K じゃあ、あまりブレないほうがいいんですね、コロナだからどうっていう。

おおた あとは文化祭をどうしたかとかも、生徒中心で考えているかどうかを見る基準にはなります。そもそも学校行事は生徒たちが楽しむためのものなのに、近年は特に文化祭が受験生の親子向けになってしまっていて、それって学校としてどうなの？って僕はもともと思っていたので。今回は外部の人は入れませんよってところがほとんどで、前例がない状態で、子どもたちがどう振る舞ったのか、どこまで子どもたちに任せたのかが大事かなと思います。たとえばオンライン文化祭をやりましたよと。子どもたちが頑張って作ったのなら、大人から見て稚拙に感じるところがあっても、むしろそれは生徒中心の学校であることの証しなんだろうなって僕は評価する。あとは女子校を避けるのかどうかっていう話もしておきましょうか。女子校と共学校のどちらに行っても、最終的に男性を見る目が養えていればいいと言うのであれば、いい男をお母さんがたくさん見せてあげればいいんですよ。娘さんと同年代である必要はありません。逆に共学に行くのであれば、どうしても異性の目を気にしちゃうと思うので、ジェンダーロールにとらわれないように仕向ける会話をしてあげるとかね。どっちにも構造的なメリットとデメリットがあることを意識して親がフォローしてあげれば、デメリットについては子どもがちゃんと乗り越えていくと思うので、どっちに行っても大丈夫ですよ。いずれにしろ、**最終的に子どもに選ばせてあげるのが大原則。**子どもの本心は聞いてあげてほしい。

K　でも、共学人気なんですよね。

おおた　それは誤解されていて、大学附属校人気なんです。大学附属校が、附属校としては共学にしなきゃマズイよねってなって、2000年くらいから共学化して、それが共学人気と重なってるだけ。

K　やっぱり大学受験はすごく大変になってるんですか？　昔だったら私のいた中堅女子校からでも青学に入れちゃったんですけど。

おおた　それは今も変わらないと思う。

K　そうなると、ちょっともったいない気がしちゃうというか。

おおた　もったいないとは？

K　私は中学受験では青学に入れない成績だったけど、大学では入れた。中学から慶應に行くのは大変だけど、大学なら入れるんじゃないかとか。だからそのへんの附属校とかに行くよりも、大学で慶應に行ったほうがいいのかなっていうか。

おおた　いいのかな、っていうのは？

K　最終学歴は欲しいのかも。そうそう、そこはゴール。そこにも根拠はないんですけど、肩書を言うとしたらそこしかないから、だったら良いほうがいいのかなって。そこをゴールとしたら中高で附属じゃなくても、大学受験をゴールにしたらいいかなって。

おおた そしたらね、いい方法がありますよ。高校なんてどこでもいいので、鉄緑会《てつりょくかい》って塾に入ればいいですよ。

K 何それ？ いつ入れるの？ それってすごい大変じゃないですか？ 初めて聞いた。

おおた ダントツの東大合格率。

K 東大までは無理じゃない？

おおた いや、今、皮肉で言ったんですけどね（笑）。★1 **最終的に入る大学のブランドを気にするなら、中学受験しない選択もあるじゃないですか。** 都立高でも良い大学に入れるし。それでも中学受験をするのは？

K そもそも都立高出身者のイメージが湧かないというか、未知すぎる。あとは大学受験で浪人してるイメージがある。でもそれは、私が知らないだけですね（笑）。

おおた 無理はしないでそこそこの中高一貫校に入って、東大は無理でも早慶くらいに入ってほしい、大学附属校からそのまま上がっちゃうのはもったいないというイメージをお持ちですよね。でも世間一般で言えば、たとえば中大附属に入ってそのまま中大に行って何が悪いの？って思う人もいるだろうし。

K そうですよね。早慶以外だともったいないって思うのかも。でも、中学から早慶には絶対に入れないから。それを目指すと、うちの場合は無理強いをすることになるから、それが怖いんでしょうね。

おおた　最終的には早慶くらいの大学に入ってほしいという思いがありながら、当面、これから中学受験を始めるにあたっての不安ごとというと……？

K　始まる前の約束事を決めたいです。最低限の生活ルールとか。うちは結構テレビがいつもついちゃってるので、それをやめなきゃいけないなとか。そういうのも一回整理したいなって。途中で言うのって難しいから、最初から約束しておいたほうがいいですよね。

おおた　その心がけは素晴らしいですね。

K　うまくいっている家の人たちはこうしてますよとか、あるなら知りたいし。

おおた　それはわからないなぁ。一般化できるものはないと思うんですよね。よその家を真似するより、Kさんの家庭の良さを生かしたほうがいい。でもいきなりいくつもはできないから、★2**まずは一つ、約束事を決めましょうか。**

K　無理強いしない。

おおた　じゃあ、無理強いしないためにはどうしたらいいかを考える。どういう時に一番無理強いしちゃいそう？

K　無理強いしないと言いながら、多分上を目指しそうだなって。

おおた 上を目指す気持ちが出てくるのは良いことで、それが最終的に子どもを傷つけなければいいですよ。

K あとは、「〇〇ちゃんはクラスが上がった」とか余計なことを言っちゃいそう。

おおた じゃあ、人と比較することは絶対に言わないとかね。それがちゃんとできたら、もう一つ実践しようというように、一つずつやっていくのがコツかなって思います。まずは人と比較しないことから始めましょうかね。

K そうですね、言いそうだから。一方で、私、「このくらいでいいんじゃない？」とかも子どもの前で言っちゃうんですよね。

おおた それはいいんじゃないですか？

K 塾選びでも「上のクラスじゃなくて普通のコースでいいんじゃない？」って落としどころを勝手に決めがち。「親がそういう態度だと子どもはそれ以上伸びないよ」とか言うじゃないですか。

おおた それは明確に否定します。そういうふうに思っている人がいるから、子どもを焚《た》きつけてギリギリまでやらせるわけで。逆に、**「これくらいでいいんじゃない？」って親が言った時に、「ママ、私はそれじゃ嫌だ」って言った時が一番強いですよ。それを待たなきゃ。**子どもが自分では限界まで頑張ったのに「まだいける！ まだいける！」って言われ続けたら、壊れちゃいますよ。★3常にギリギリまで追い込めば中学受験ではすごい結果を残すかもしれないけど、**親子関係としては成功だとは思わない。**子どもが甘えているのを見ると厳しいことの一つでも言ってやりたい誘惑に駆られるだろうけど、そこは我慢する。そこで子どもが「これじゃ嫌だ、もっと頑張る」って言い出したら大儲け。

K あと、夫は中学受験に前向きじゃないから、塾代は私の稼ぎの中から出そうと思っているのですが、それは仕方ないですよね。

おおた それは危険です。

K えっ、危険なの⁉

おおた お父さんの協力や理解は絶対に必要になってくるので。うまくいかなくなった時に「だからやめろって言っただろ」ってなる。それに、「私が塾代を出してるんだから、口を出さないで」ってなるし。お金はどちらの財布から出してもいいと思うけど、**夫婦でちゃんと握れてないと、うまくいかない時にお互いのイライラが子どもにいくから、今のうちにしっかり話し合って理解を得ておいたほうがいい。**今日の話の中でそこが一番重要かも。

K なるほどね。ありがとうございます。でも、楽しみたいなって。自分がすごく楽しかったから。塾も楽しかったし、テストの成績が返ってくるのも楽しみだったから。

おおた 娘さんにも同じように思ってもらえるといいですね。

必笑メンタルエクササイズ

★ストレッチポイント１

高校受験ではなく、なぜ中学受験を選びますか？

大学のブランドが気になるなら他にも方法はあるのに、なぜ中学受験を選ぶのでしょうか。中高一貫校は学習進度が速いので、多少は大学受験に有利という側面はあるかもしれません。でも、中学受験の醍醐味はもっと別のところにあると私は考えています。その言葉では伝えられないものを全身に染み渡らせる効果が学校の学び舎にはあります。その言葉にならないものこそが、私学の色。開成には開成の、桜蔭には桜蔭の色がある。水が合うという表現がありますが、その子がイキイキとする水を見つけることができたら、より豊かな思春期を過ごせる。自分らしい生き方や価値観を見つける場所として、私学を捉えてほしいと思います。大学受験だけを考えたら、中学受験は決してコスパがいい選択肢ではありませんから。

★ストレッチポイント２

いい中学受験にするための〝我が家のルール〟は何ですか？

子どもや家族に対して「こうあってほしい」と注文をつけたらキリがありません。まずは、自分たちの受験において今解決すべき課題について、優先順位をつけてみましょう。解決できたら次の課題と向き合うというように、欲張らずに一つずつ解決していくこと。一つの課題と向き合っている時は、それ以外には目をつむる割り切りも必要です。

★ストレッチポイント３

子どもをギリギリまで追い込むことが正解ですか？

成績を上げることに全振りしたほうが、思考停止に陥ることができて楽ですし、中学受験においてはいい結果を残せるのかもしれません。でも、ギリギリまで追い込んだ末の親子関係はどうなるでしょうか。自分たちがどんな親子でいたいのか、我が子にどんな人間になってほしいかということを常に意識してください。受験する以上、目先の偏差値をまったく気にしないことは難しいけれど、成績を上げることとあるべき親子関係の両方を追いかけて、その２つの間で揺れ動きながら進むのが親の宿命なんです。フラフラと迷うことが辛い時もあるだろうけど、迷うことこそが正しいんだと伝えておきます。

Case2 娘がまさかのカンニング……。子育てをやり直したい

Uさんの場合

【家族構成】夫、長女（小1）

【今回相談する子どもの状況】

2歳から年長まで公文。小1からサピックスに入塾。他、ピアノ。学習習慣や向学心が身につけばと思い、サピックスに通わせ始めたのですが、テスト等の機会も多く、親の欲が出てきました。近所に女子御三家があり、そんな中学が近所にあるなら「とりあえず狙うでしょ」と、子どもの人生なのに親の欲が至るところで出ていることに気づかされます。子どもに「学ぶことの面白さ」を伝え続けながら、これから始まる長いマラソンを親子で走り続けるコツを教えてください。

U 長女が小1になるタイミングでサピックスに入りました。入ってみるとテストや催し物がいろいろあって、★4**自分の中に次から次へと欲が湧いてくるのを感じます。**でもこれ

が6年続くのかと思うと、結構長い道のりだなとも感じます。そんな中、ちょうど昨日、衝撃的なことがありました。外部のテストも経験させてみようと思って受けてみた四谷大塚のテストの結果が、ものすごく良かったんです。学習の成果が表れ始めたのかもしれないと思って、喜んで娘に伝えたら、小さい声で「いや、これには理由がある」と言われたんです。もうその瞬間、カンニングだなと(笑)。パパには絶対に言わないでと。隣の人のを見たんだと。それを聞いて、私、ショックで……。でもパパに言わないでってことは、悪いことをしている自覚はあるんですよね。私の期待が彼女には負担になってしまっているのかなとも思うし、本人も「テストで100点以外見たくない」と言っているんです。塾のテストは100点を取る前提でつくられていないから、100点じゃなくていいんだよと伝えても、本人は100点じゃないと嫌みたいです。でも実は、サピックスに対してもそんなに積極的に通っているわけじゃないです。なんか「勉強が嫌いになってきた」とか言い出して。だから、ちょっと早めに一度撤退したほうがいいんじゃないかという気持ちが今強くなっています。今の状態は、マラソンで言うなら一つの試練だと思うんです。こういう試練って学年を重ねるごとに出てくると思うので、どうやって乗り越えたらいいのかなということを相談したいです。

おおた　昨日の今日ではまだ動揺が収まっていませんよね。四谷大塚のテストというのは？

U　統一テストみたいなものと、リトルスクールオープンテストという、外部生向けのイベント的なテストですね。

おおた　なるほど。お母さんがプレッシャーをかけちゃってるんじゃないかと心配してらっしゃいましたが、具体的に思い当たる節はありますか？

U　通塾させていること自体がそうだし、学校でも塾でもいい点を取ったら褒めるじゃないですか。それも期待の表れだろうと思ってます。公文に通わせていたので、勉強はするものだと言ってしまっているところもあって。自転車で東大の前を通った時に「すごくいいところなんだよ」とか、早稲田大学の前を通る時も「ここはね～」なんて入れ知恵してます。学習は楽しいことだと洗脳するような感じというか……。でも娘は「別に大学なんて行きたくないし」とか反発してて、ことごとく私の作戦が失敗しているような気がして、もう全部やり直したい！みたいな（笑）。

おおた　カンニングの告白で「いや、これには……」って間を置くあたり、ただ者じゃない（笑）。光景を思い浮かべるとつい笑っちゃいますけど、ユニークというか、頭の回転が速いお子さんなんでしょうね。どこまでプレッシャーを感じているかはわからないけど、お母さんの期待はきっと感じとっていて、「あぁ、また始まったよ」みたいに受け止めているかもしれないですね。ちょっとボーッとしているくらいの子のほうがそういう作戦には乗っかってくれやすいんですけど、頭がいい子は親のそういう下心を見抜きますからね。冷たいリアクションが返ってきたら、「お母さんちょっとうっとうしいよ」という意味だと思うので、ちょっと控えめにしてみるとか、その都度距離感を調整してみてください。あと、お母さんは、自分の欲を自覚されている点が素晴らしいですね。それって無理やり抑え込もうと思っても難しいので、その湧いてくる欲とどう付き合っていくのかを学ぶ機会だと思って、この6年間でスキルアップを目指せばいいと思います。

U 今後はテストは控えめにしようかなと思いました。

おおた 本当なら小1からサピックスに行く必要はないし、行っているだけですごいことなので、それ以上にやらせる必要はまったくないし。むしろ今から欲張っていると確実に息切れします。**低学年のうちは自由な時間の中で子ども同士で過ごすのが大事だし、休日も親と近所をのんびり散歩したりするほうが子どもの人生にとっては財産になるはずなので、そこをできるだけ犠牲にしないことを第一に考えましょうよ。** 100点以外見たくないというのはきっと公文の影響ですね。公文は100点満点を取らないと次に進めないので、2歳からやっていて、そのスタイルが身についているんでしょう。公文の頭から切り替わるまで、しばらく時間がかかるかもしれませんね。

U 100点じゃなくていいって、わからせるためのいい言葉がけとかありますか？　間違えがわかったほうが得じゃんって思うんですけど。

おおた　間違っていることを成長のチャンスにして新しい自分と出会うって、すごく抽象的な思考ができないと理解できないことなので、小学校低学年にその理屈は通用しません。効果があるかはわからないけれど、たとえば点数ではなくて、この問題できたよね、どうやって解いたの？と聞いてあげるとか。間違えた問題についても、消しゴムで消したあとがたくさんあるね、何度も考え直したんだねと言ってあげるとか。中学受験までまだ時間は十分あるから、焦らずに100点が取れないことに慣れていけばいいと思います。

U　なるほど、わかりました。あと聞きたいのが、学年が上がるにつれて、どこかで現実と折り合いをつけていくことになると思うんです。御三家とかの理想と現実と。他の親御さんたちは、自分の中で折り合いをつけているのか、それとも何かしらのスキルが必要なのか、自然とそうなれるのか。

おおた　結論から言えば、現実を見て、受け入れる時がくるんだと思うんです。そこに至るプロセスには2パターンあります。端的な言い方をすれば、**★5目標とする偏差値を見るか、子どもそのものを見るか**。偏差値を見るとは、目標とする偏差値になんとか子どもを近づけようとする思考。子どもを見るとは、その子なりの頑張りで行けるところまで行ければいいやという思考。どちらに視点を置くかで、中学受験のスタイルって大きく分かれると思うんです。僕の感覚では、目標のほうを見てしまうと悲劇になることが多い。要するに、子どもを見なくなっちゃうので、子どもからしたら、「私のこと見てくれてないよね」って気持ちが常にある。

桜蔭なら桜蔭、女子学院なら女子学院に行く偶像としての私がいいんだよね、ありのままの私じゃダメなんだよね、って気持ちになる。それを受け入れて、**食らいついて親に認められる自分になろうとして本当に合格しちゃう子もいるけれど、死に物狂いで、それだと入ってからもキツいですよね。自己像がめちゃくちゃになっちゃってますから。**

U　このカードで何が買えるんだろう？みたいに子どもの成績表を見てしまう。大したカードでもないのに、価値が上がるんじゃないかって目で見てしまう。

おおた　みんなそうですよ。特に低学年のうちは。ひょっとして御三家に入れるんじゃないかってみんな思ってる。そう思うこと自体は悪いことじゃなくて、怖いのはそういう学校に入れないとダメだみたいな強迫観念にとらわれちゃうこと。

U　親には正解はわからないし、私は昨日今日で子育て失敗だったかもって思ったけど、別に失敗もないっていうことですよね。超納得です。いつも正解不正解で考えちゃうから。これで良かったのかな、サピックス入れて良かったのかな、このまま続けていいのかなとか、そんなのってわからないですよね。

おおた　こういう話がすんなり伝わるのは、お母さん自身が人生でいろんな道を歩んできて、何が正解かってわからないよねっていう経験が豊富におありだからなんだと思います。そういう人だったら多分大丈夫ですよ。**中学受験の日々って、映画の『ロード・オブ・ザ・リング』みたいなもの。**マラソンって最短時間で行くのがいいじゃないですか。でも大冒険って、最短距離を進んだら物語にならないじゃないですか。途中で落とし穴があったり回り道があったりするのをどう乗り切るの？っていうのが成長のストーリー。中学受験も★6**最短距離を歩むなんてありえない。**必ず落とし穴があるし回り道をさせられることもあるし、とんでもない怪獣に襲われることもある。逆に言うと、ちょっと躓いたくらいで焦っちゃいけないんですよ。マラソンだと、給水所でちょっと躓いただけでヤバい！ってなるじゃないですか。それって、中学受験やってるとすごく多いんですよ。そこで焦ると悪循環になる。でも大冒険だから、みんなも躓くしみんなも怪獣に出会う。

U　マラソンって一人でも走れるし、何なら塾の先生に走ってもらったほうがいい可能性もあるけど、でも親子の大冒険だったら一緒にやったほうがいいわけで、マラソンよりも自由度が高くてワクワクしますよね。だからカンニングも『ロード・オブ・ザ・リング』の第1部で起きたハプニングの一つみたいな。

おおた　うまい！　『ロード・オブ・ザ・リング』の主人公が指輪の力でおかしくなっちゃう瞬間とかってあったじゃないですか。それを従者がなんとか引き戻したりするじゃないですか。そういうものだと思って、それぞれの親子らしいオリジナルなストーリーができたよねって思えれば大成功だと思うんです。そう思っていれば、怪獣に襲われたところでどう乗り切ろうとか、回り道をした先で宝物を見つけてやろうとか、成長の機会にしていける。中学受験をしていると偏差値っていう認知能力に目がいくけど、人間性みたいないわゆる非認知能力も確実に成長するはずなんですよね。長い目で見たら、そちらの効果のほうが大きいと思う。しかも子どもだけじゃなくて親まで成長できる。そういう親子での大冒険物語って捉えると少しは気が楽になるんじゃないかなって思います。とはいえ、欲は出てくると思うので、それが自分なんだって思って、娘にもたしなめられながら歩んでください。

U 思った以上に物語的っていうことですよね。そんなに深刻になることじゃないんだなってよくわかりました。

必笑メンタルエクササイズ

★ストレッチポイント4

あなたの持っている欲って何ですか？

人間だから欲があるのは当たり前。自分にはこんな欲があると自覚できている時点で、親として十分立派です。ただ、欲がどんどん大きくなってしまうのは親の勝手であって、その欲を満たすのは子どもの責任ではありません。欲を否定しなくていいので、欲との付き合い方を模索しましょう。そこで試しに、自分とまったく同じ欲を持つ友人から「どうしたらいいと思う？」と相談を受けたらどう感じるかを想像してみてください。たいていは「欲張りすぎだな」と気づけるのではないでしょうか。物事を客観視するためのテクニックとして、自分が自分のカウンセラーになってみる手法はいろんな場面で使えます。

★ストレッチポイント5

数字ばかり追いかけて、子どもが見えなくなっていませんか？

志望校というゴールを見ているのか、今の子どものありのままを見ているのか、自分の視点がどちらに向いているかに自覚的になりましょう。中学受験の渦中にいると、つい目標ばかりに意識がいきがちですが、親がありのまま自分を見てくれていないと気づいた子どもがどうなってしまうかは、相談の中でもお話しした通りです。

★ストレッチポイント6

つい焦って、最短ルートを歩もうとしていませんか？

中学受験をマラソンにたとえると、子どもたちが淡々と前に進む姿をついイメージしてしまいます。だからちょっと躓いたりするだけでものすごく焦っちゃう。でも実は、他の子もそこらじゅうの給水所で転んでいるし、手が滑って水を全部こぼしちゃったりしていますよ。ちょっとくらい躓いたって、いちいち焦らなくて大丈夫とドンと構えましょう。むしろ中学受験を、平坦な道を最短距離で進むマラソンではなくて、障害物だらけのマラソン、最短距離がどこだかわからないマラソン、あるいは魑魅魍魎《ちみもうりょう》が跋扈《ばっこ》する荒野を行く大冒険なのだとイメージするくらいがちょうどいい。

Case3

早くからサピックスに通わせて燃え尽きないでしょうか？

Hさんの場合

【家族構成】 夫、長男（小2）

【子どもの状況】

小1からサピックスに通塾中。他、3歳から公文、4歳から将棋、7歳からプール。幼少期から継続的に勉強してきたおかげで、勉強習慣はついています。しかし、これから反抗期などもある中で、肝心な受験期に燃え尽きてしまわないか心配です。また、塾は何も考えずサピックスに入れてしまいました。今さらながら、もっと向いている塾があったのではと後悔しています。今から転塾もありでしょうか？

H 育休中に暇だったこともあって7カ月の時に七田チャイルドアカデミーに通い始めて、そのあとも英才教室に通ってみたり、3歳からは公文をやったり、小学校に入ってからはサピックスにも通っています。公文は毎日プリントをしなければいけないので今は自発的にや

る状態なんですけど、受験期に燃え尽き症候群みたいにならないかなと心配があって。

おおた　受験までに燃え尽きないかどうかというのはやってみないとわからないですけど、それだけたくさんのことをやっているという自覚をお持ちで、燃え尽きないか心配だと思いつつも、既にやらせているわけですよね。お母さんの中で、そこのバランスってどういうことなんだろうとお聞きしたいんですけど。

H　通っている私立小学校はすごく勉強の進みが速くて。今2年生ですけど、3桁の割算をやるような学校で。公文の〝貯金〟でなんとかやっている感じなので、公文はやめられません。一方、サピックスもすぐに定員が埋まってしまうので、一度やめてしまうと入れないんじゃないかと思って、なかなかやめられない状況です。今のところ息子は自発的に「今日はどこをやろうかな」とか言ってるんですけど、反抗期とかを迎えたりすると「やらない！」ってならないかなって。

おおた　学習習慣がつくのはこの社会の受験システムを生き抜くうえではすごく大事なことだけど、習慣って別にモチベーションっていらないじゃないですか。勉強しないと選ぶことも主体性なので、一番危険なのは勉強しないということすら選べないほど主体性を持てないこと。それだと勉強はするけど、主体性が奪われちゃってるから自分から何かできない人になってしまう。主体的なモチベーションを望むのであれば、ある意味子どもを泳がせて、自分からどこかに向かっていくのを見守る余裕が親にないといけないのかなと。あとは、最初に言った、燃え尽きないかという点については、★7 **「燃え尽きてもおかしくはないと思うし、でも、燃え尽きないかもしれないし」、と言われると、お母さんはどう感じますか？**

H　その時を迎えてみるしかないのかなって。燃え尽きた時に、それでその子なんだからと様子を見てみればいいのかなって。

おおた　なるほど。今の状態をやれているのであれば、燃え尽きてしまうかもしれない懸念を優先して先回りして削ろうとする必要はないのかもしれないし。かと言って、確かに負荷が重なっていて、多分4年生くらいからだんだん自我が出てきて、気づいたら「あれ？周りの友達はこんなにやってないじゃん」と思うと、急にモチベーションが下がったり学習習慣が崩れたりするかもしれないので、そこで柔軟に対応するスタンスを持っているのはいいかもしれないですね。

H　まだ2年生なのですが、今のうちにやっておいたほうがいいことってありますか？

おおた　ないと思いますよ。だって、十分やってますもん。

H　学校は知ったほうがいいのかなと思っていて、何も知らないので、学校説明会に行こうと思って申し込むんですけど、絶対に抽選に漏れるんですよね。

おおた　それは学年が低いからですよね。

H　なので、まだ全然学校を見られていなくて。

おおた　なるほど。まず、学校を早く知るのはいい姿勢だなと思いつつ、とはいえ、このコロナ禍でまだ全然学校を見られていない5年生6年生がいるので、そこは申し訳ないけどその人たちに譲ってあげてください。むしろ今は、中学受験生活が始まってからではできないことをたくさんやらせてあげてください。野山に遊びにいくのでもいいし、楽しい原体験、子どもなりの青春体験をたくさんさせてあげる。そこがないと最後に頑張れないので。それを優先してあげるといいのかなと。

H　なるほど。旅行とかはよく行っているんですけどね。

おおた　旅行もいいけど、近所の公園をぶらついて花を見たり木に登ってみたり虫を捕まえたり、そういう素朴なこと。子どもだから楽しめるわけじゃないですか。それって、**子どもに必要だから子どもは面白いと感じるわけで。感受性が柔らかいうちにそういうことを経験して土台を作っておくのが大事です。**

H　私立なので学校から帰ってくるのが遅くて、特に習い事がある日は夜7時くらいになるので、そこからご飯を食べてお風呂に入って公文をやってとなると、近所をぶらつくのがなかなかできないんですよね。休日にやるしかなくて。

おおた　お子さんは暇な時間があった時はどう過ごすのが好きなんですか？

H レゴやプラモデルが大好きで、一人で黙々と作ってますね。

おおた 家の中で没頭体験ができるのはいいことですね。それを削らないのが重要かな。余った時間で公文やサピックスをやればいいので。そこはあくまでも僕の教育観ですけど。

H あとは、息子が小学校に入る直前に周りのお母さんたちから「今から塾に入れておかないと入れないよ」と言われて、深く考えずにサピックスに入れてしまったんですけど、他にもいろんな選択肢があったのかもしれないと不安になっています。今から他の塾に体験に行ったりして入り直すのも間に合ったりするんでしょうか?

★8 サピックスよりもっといい塾があるかもしれないと思うのはなぜ?

おおた サピックスは思ったよりサラッとしているというか。今さら他の塾も見れば良かったと後悔しているというか。

H もっと手厚く関わってくれる塾のほうが、お母さんの好みということ?

おおた どっちのほうが子どもが通って楽しいんだろうとか、居心地がいいのかなと。何の体験もなしに入れちゃったので。

H なるほど。それで今、お子さんは何か不満を言ってる?

おおた いや、何も。そういうものだと思っているので。

H どこかにひっそりこっそりベストの塾があるのかもしれないけど、それを探しても、青い鳥と同じでキリがないですからね。でもお母さんは一生懸命なんですね。常にベストの環境、ベストの教材を息子さんに用意してあげたい。

H そうですね。でも、お話を聞いて、子どもが主体性を持ってできているのだろうかって心配になってきました。

おおた **自主的に勉強する子にしようと思ったら主体性を奪うのが一番簡単なんです。**内から湧き上がってくる、ゲームやりたい、サッカーやりたいっていう気持ちを全部なくしちゃえば、大人が言った通りにやるしかないね、じゃあ勉強しますって自主的に勉強する子になりますよ。けど、それってロボットにしちゃうことだから、自分が何者かわからなくなっちゃいますよね。自分の主体性が湧き上がる余地を残しておかなきゃいけないですよね。

H なるほど。あと、私が出張や深夜勤務もある仕事をしていて、中学受験が本格化した時に仕事をセーブするべきかも相談したくて。周りを見回すと、同じ会社の人とかも4年生くらいからセーブしたり、もっと言うと、休んだりしていて。

おおた お母さんはどうしたいんですか？

H 私は仕事に穴をあけたくないので、休まずにうまくできればいいなと思うんですけど。ただ、仕事量はどうしても今より少なくしなければいけないのかなって。

おおた 仕事量を減らさなきゃいけないのは何のため？ 失礼ですけど、お父さんもいらっしゃるよね? お母さんが自分の仕事にやりがいを感じていて、なるべく穴をあけたくないのであれば、まずは夫婦で調整することも考えるべき選択肢ですよね。子どものために自分の仕事を犠牲にしてっていうことよりは、お父さんのための犠牲ですよね。今の状態をお母さんが一人で抱え込もうとしたら危険かなという気はしますけど。

H そうですよね、今はほとんど私なので。あとは最後の質問なんですけど、頑張ることに対してご褒美を与えるなと聞くんですけど、私は結構ご褒美を与えてしまっていて。公文のテストに合格するたびにレゴを買い与えてしまったりするんですけど、ご褒美以外に子どものモチベーションを上げる方法ってあるのかなって。

おおた 今聞いていると、レゴ以外にあげられる、オモチャじゃない、物質的じゃないご褒美って何ですかと聞かれているような気がするんですけど。

H まぁ、そうですね。そもそもご褒美を与えちゃいけないってどうなのかなって。

おおた アドラー心理学では褒めることすらいけないと言います。褒めることも精神的なご褒美なので。他者から認められることによってしか駆動できない人になってしまうから。でも、僕は個人的には褒めるのはいいと思っています。英語のｐｒａｉｓｅは、日本語の「褒める」とちょっと違うんじゃないかなと。上から目線じゃなくて横から目線で、友達に「すごいね」と言うことって別にご褒美じゃないと思うんですよ。そういう純粋な気持ちで褒めるのはいいと思うけど、やる気を出すために与える言葉って、全部ご褒美だと思うんです。

H　やっぱりレゴは良くないですね（笑）。物をあげるって上からですよね。

おおた　ご褒美に関係なく、お子さんが頑張ってることってあるはずです。レゴが好きなんだね、何時間でもできるんだねってところに目を向けてあげると、主体性を大事に思う感覚って育つと思うし。急にご褒美あげませんってなると傷つくと思うから、ご褒美に関係なく頑張っている部分を増やしていってあげるのが健全なのかなって。お子さんが意識しなくてもできていること、親から見るとできて当たり前と思っていることってあると思うんですけど、でもそれができるってすごいよなというところに関心を向けてあげて、そこに対して親としての感心や尊敬の念を伝えてあげるのが大事かなって。あとは、お母さんが焦って塾に入れたり、小学校の勉強の進みが速いから公文をやめられないとか、割と追い詰められちゃうじゃないですか……。

H　そうなんですよ。仕事でも、毎日毎日「時間ない、時間ない！」ってなってるタイプで。

おおた　たとえば、サピックスに入れないと何が困るんでしたっけ？

H　えっ、サピックスに入れなかったら何が困るんでしょうか……そうですね。

おおた　お母さんが何を気にして焦ったり恐れたりしているのかという正体を少し考えてみてもいいかもしれないですよね。もっと言えば、「（子どもがやる気になるのを）待つことが大事って言いますけど、待ってみて第一志望に合格しなかったらどうするんですか?」と言う親御さんがいるけど、僕が逆に聞きたいのは「**★9第一志望に受からなかったら何が困るんでしたっけ?**」って。そういう根本的な問いを忘れないでほしいなって。目の前のことだけを見ていると焦っちゃうけど、もうちょっと広い視野で捉えて、どういう時間のスパンの中で子どもにどうなってほしいかを考えてみると、もう少し余裕が持てるんじゃないかな。

H わかりました。ありがとうございました。

必笑メンタルエクササイズ

★ストレッチポイント7
不安なのに、やめられないのはなぜ?

私は中学受験を親子の大冒険にたとえています。大冒険だから、不安や心配事があるのは当たり前。不安になるということはリスクをちゃんと自覚していて、何かあったら子どもを守りたいという親心を持っている証拠です。とはいえ、不安を漠然とした不安のままにしておくのは辛いですよね。不確定な未来への不安に対処する方法としては、ある程度のリスクをシミュレーションして、こうなったら立ち止まろうと基準を設けておくのが一つ。同時に試してほしいのが、状況を客観的に捉えること。自分は何に不安を感じていて、それは変えられることなのか、変えたとしたら不安は減るのかどうかを考えてみてください。文字に書き出すなどして整理することで、対処できる不安なのか、心配しても仕方ないことなのかの仕分けもできると思います。迷いや不安を感じたら、まずは客観的に状況を俯瞰する。このスタンスは中学受験の親に一番必要だということを心に留めておいてください。

★ストレッチポイント8

もっといい塾があるはず、と思っていませんか？

塾選びでも何でもそうですが、より良いものを追い求めたらキリがありません。それよりも、自分で選んだものを正解にするというスタンスが大事。あったかもしれない可能性に意識を奪われるのではなく、自分が選択したものの強みを最大限に活用して、デメリットがあるとしたらそれをどう補うかを考えてみましょう。何を選んでも、100%の大正解はありませんから。

★ストレッチポイント9

第一志望に受からなかったら、何が困るんでしたっけ？

「あれ、何にも困らないじゃん！」って気づく人がほとんどだと思います。「子どもが傷つくのがかわいそう」という答えはあるかもしれません。でも、傷つくことは絶対的な悪でしょうか。親がそばにいられる年齢で負った傷なら、親が手当てすることもできるし、乗り越えさえすれば傷はむしろ糧になります。それに、たとえ第一志望以外に行くことになっても、両親は自分のことを愛して認めてくれていると思えたら、そういう時こそ自己肯定感が上がります。だとしたら、なぜ第一志望を目指して頑張るのでしょうか。第一志望というのは自分たちが目指すべき方向性を定めてくれる存在。最終的に到達した先がそれほど美しくなくても、もしくはそこに到達できなくても、旅の過程は決して無駄ではない。そこに向かって歩んだこと自体に意味があると思えたら、中学受験に失敗はなくなるはずなんです。

第3章

あなたの信念を揺るがしているものは何ですか？

Lesson2
子育て観を揺さぶる

Case 4

勉強嫌いな子に受験させる意味はありますか？

Yさんの場合

【家族構成】 夫、長女（小5）、長男（小1）

【今回相談する子どもの状況】

小1夏から小5の1月まで栄光ゼミナール、現在は日能研に通塾。他、習字と英語。高校受験をしたくないという理由で、本人が中学受験を希望しています。ただ、受験したいと言う割には勉強量も少なく、毎日やらなければならない少しの課題すら忘れてしまう状態です。入塾時よりクラスも落ちてしまいました。こんな状態で、この先もっと大変になる受験勉強に耐えられるのか？ここまでしてやる必要はあるのか？スイッチはいつか入るのか？と悩んでいます。

Y　5年生に上がる時に、受験を続けるのかどうかを家族で話し合いました。自分から受験すると言い出したのに、意欲的に勉強に取り組んでいるようには見えないからです。「や

りなさい！」と言えばダラダラやるんですが、基本的に勉強は好きじゃないようで。私も夫も無理やり受験しなくちゃいけないとは思っていないので話し合いをしましたが、本人はしたいと。高校受験をしたくないという理由です。テストの点が良ければ嬉しそうにやっているし、悪いとまずいって顔はするんですけど、難しい問題や新しい問題が出てくると嫌だなあという感じの態度になります。そういう態度を見てしまうと「自分で受験するって言ったのに」ってなっちゃうっていうか、このままで大丈夫かなと……。

おおた 大丈夫かなっていうのは、★10**どうなったら大丈夫なんでしょうか？**

Y 彼女を見ていると、どうしてもできないものはできなくていいみたいなスタンスで、それは勉強だけじゃなくて何でもそうなんです。たとえば社会の点数が良かったら、私は社会が得意なんだって、張りきります。でも国語が悪くても、私は国語が苦手なんだと言って、それを克服しようとしません。だから、自分から課題を見つけて弱点を克服して……みたいになってほしいんです。残りの2年間で4教科を平均的に良くしたほうがいいんだろうし、好きなものだけ勉強してればいいってわけじゃないんだと思うんですけど。

おおた なるほど、そうお考えなわけですね。

Y 向上心が感じられない……。もっと意欲的に、目標に向かって楽しく勉強するみたいになってくれたら軌道に乗ると思うし、それなら私たちも応援してあげたいという気持ちになれると思います。もっと集中してやれば早く終えられて遊ぶ時間も確保できるのに、嫌々やってるから時間がかかって遊ぶ時間が減って、本人もイライラするしこっちもイライラするし。内面的にちょっと幼い部分があるので、このままで大丈夫なのかなと心配です。

おおた　でも、自分から受験するって言って、ダラダラとはいえ、やることはやってるんですよね。

Y　そうですね。でも、3時間かけてこれだけ？みたいな。

おおた　3時間もやってるんですか！

Y　でも、全然効率が悪くて。隣に親がついていればやらざるを得ないんでしょうけど、大人の目がなければ気が逸《そ》れて途中でお絵描きしたりとか。

おおた　なるほど、なるほど。でも、3時間もやってるんですよね。すごいじゃないですか。

Y　一応、座ってます。

おおた　それだけでもすごいことですよね。多分ね、はっきり言いますけど、今のお母さんの基準で言ったら、世の中の9割以上の受験生はダメです。効率悪いです。ダラダラだろうが嫌々だろうが頑張ってるだけで素晴らしいことなので、★11**まずはそこを認めるところから始めましょうか。**

Y　はっ⁉

おおた あとね、僕がちょっと不思議だったのは、「自分から受験するって言ってるのにその態度？」っておっしゃってましたが、自分から受験する意志を持っているのは素晴らしいじゃないですか。でも、「だったらこうじゃなきゃいけない」っていう理想像がお母さんの中にあるわけですよね。それが何なんだろうなって。

Y ん？

おおた 難しいと嫌になっちゃうのはとても自然なことで、僕だって原稿がうまく書けなくて今日やめた！ってことあるし、それは人間として正常な反応です。子どもの自然な反応を見てイラッとしてしまう何かを、お母さんが持っているんですよ。たとえば、受験勉強は嫌々でもやるものだっていう信念だったりとか、中途半端はダメだっていう信念だったりとか。受験するって言った以上は１００％でやりなさいって、★12**ゼロか１００か**って。でも、人間って常に意欲的でいられるわけがないので。それをただでさえ、目の前に難しい問題があって嫌だっていう時に、さらに人間的に強くなれって言ってるわけじゃないですか。今の状態は、勉強ができるできないとは別のところで、受験生としての完成度を求められちゃってると思うので。人間っていろんな経験をして強くなって、ようやく大人になる頃に自分の気持ちをコントロールできるようになるわけであって、中高生だって自分の感情をコントロールなんてなかなかできません。ましてや小学生なわけだから。**人間としてまだ未発達な**

だけの部分をそんなに責められたら、「自分はダメなんだ」って刷り込むことになっちゃいますよ。「嫌なのが普通だよ。でも3時間もやれたら素晴らしいことだよ」って言ってもらえたら嬉しいと思うんだけどな。嫌でも3時間も頑張ったのにそこを否定されたら、僕だって辛いと思うな。

Y はぁ。

おおた 確かに最終的には点数をそろえていなきゃいけないんだけど、それは最後の最後だから。まずは社会なら社会でこうしたら点数取れるんだって経験が自信の核になれば、じゃあ理科や国語も頑張ってみようかなって成功体験が広がっていくわけなので。今は成功体験を積ませてあげることが後々の裾野を広げることになります。受験勉強は嫌な気持ちに打ち勝ってやるものだっていう構図に既になりかけている気がします。それはね、お嬢さんからしてみれば、呪いの言葉をかけられちゃったかなっていう気がします。でもその中で、私は社会が得意なんだって言えるだけの心の強さを持っているわけだから、そこに焦点を当ててあげて、弱点の部分は見えているけど見ないフリというか。

Y なるほど。

おおた 受験するってあなたが言ったんだから、もっと意欲的にやりなさいよって理屈は、オールオアナッシングみたいに聞こえるんですよね。中間はないの?みたいなね。それなりに頑張るっていうのがあってもいいんじゃないの？って。**家族会議を開いたっていうのも、会議というよりは、言質《げんち》を取る、みたいな感じじゃないですか。**僕の仕事で言うと、月末までに原稿上げてくれるって言いましたよね？って言われると、楽しく書いていた原稿が、急に苦行みたいになるというか、そういう構造には持っていかないほうがいいんじゃないかなって思いますけど……。

Y　私も夫も中学受験の経験はないので、中学受験が未知すぎるというか……。ママ友からは年々難しくなっているという話を聞いていて、今のうちにどこまでできていれば今後うまくやっていけるのかがわからないんです。受験で家族の雰囲気が悪くなるのは避けたいって思っているんですけど、本人がやるって言っている以上、厳しくなってしまいます。実際娘の態度を見ていると私もピリついちゃって、親子のコミュニケーションも微妙になってきています。そこまでして中学受験をする必要あるのかなっていうのが本音です。

おおた　ご家庭の空気がお嬢さんの成績に左右されちゃってるっていうことですかね。

Y　そうですね、ずっとではないですけど。

おおた　本来は、お嬢さんの成績が下がった時こそ、おうちの中の空気を快適にしてあげなきゃいけないですよね。そこで空気が悪くなっちゃうっていうのは、みんなでお嬢さんの足を引っ張っていることになるから。

Y　えっ⁉

おおた　さっきから、「受験をするんだったら苦しいとかそんなのはもう関係ないからちゃんとやりなさい」という強固な思考がお母さんの中にありますよね。それ、高校受験的なんですよね。高校受験って基本的にクラスの全員がやることになってるから、逃げ場がないですよね。やるしかない状況に追い込まれて、勉強が好きでも嫌いでも苦しかろうが何だろうがやれという世界。それが「受験」というものだと、日本中の子どもたちが刷り込まれるわけですよね。それを今、小学生のお嬢さんに重ねてしまっているんだと思うんです。その信条を一度脇に置いてみませんか？　中学受験ってそもそもやらなくていいことに自分の意志で挑戦しているだけで素晴らしいじゃないですか。自分で挑戦しようと思ってもときどきサボりたくなっちゃうのは人間の性《さが》じゃないですか。それでも「これじゃダメだ」と思って少しずつ頑張れるようになっていくのが人間の成長であって、そのために今、中学受験をしているんですよね。**最初から頑張れる子なら中学受験なんてしなくていいんですよ。**

Y　なるほど！

おおた　テストの結果が悪くて嫌な気分になったら、それを誰かに受け止めてほしいじゃないですか。そこをやってあげるのがまず一番の親の役割です。ただでさえ不安になってる時に、さらに親から責められたらますます不安になりますから。大人だってそうですよね。疲れて帰ってきて家事するの嫌だなっていう時に、「散らかってるじゃん！」って言われたらますますやる気なくすじゃないですか。なんだかふてくされてるなっていう時こそ、ケーキ買ってきて一緒に食べようとかね、ちょっとそこで優しさを見せられたら、本人ももう一度頑張ってみようってなるから。サッカーのサポーターと同じですよね。辛い時こそ声を出して応援してあげるわけで。**「自分って頑張れるんだ」っていう成功体験を6年生になる前になるべく経験させてあげれば、強くなれるので。**辛い中でも本人がちゃんと向き合えるようになったら本当の受験生。でも、そうなれるのは6年生のギリギリですよ。

Y そうなんですね。

おおた と、今まで言ったのは理想論。勉強はしないといけないので、ネガティブじゃない形で、周りがあの手この手で盛り上げてあげないと。それが中学受験です。

Y 受験自体をもうちょっとポジティブに捉えるべきですね。

おおた そうそう。悪いところを見るとどんどんどんどん悪いところばっかり目につくようになるじゃないですか。でも、ちょっとしたことでいいので、お嬢さんの頑張りに目を向け始めると、「この子こんなに頑張ってるじゃん」ってところが次々と見えてくるようになると思います。お母さん、明るい人だから、「お母さん今日からキャラ変するわ！」みたいに今までのことをなかったことにしちゃうくらいでもいいのかなって思いますけどね。そうしておうちの空気を良くしましょう。**家庭の空気をつくるのは親ですから。**あなたの成績が悪いからこんなに空気が悪いのよって、それ、違いますから。

Y 頑張ります（笑）。

必笑メンタルエクササイズ

★ストレッチポイント10

子どもがどうなったら「もう大丈夫」と安心できますか？

あれとこれが満たされたら次は別の何かが欲しいと思うはずで、どこまでも求めたらキリがありません。海外旅行に出かける時に不安だからと荷物を増やしたらキリがないから、トランクの容量を考えて優先順位をつけて持っていくのと同じこと。いつまでも親の不安はゼロにはならないけれど、そもそも子どもはたくましさを備えた、大丈夫な存在だと気づけたらいいですよね。

★ストレッチポイント11

子どもの足りない部分にばかり注目していませんか?

親はつい、できないことばかり気になりますが、既に達成していることに着目してあげてください。子ども本人すら当たり前だと思って気づいてないことを「これができてるってすごいことだよね」と認めてあげると、それだけで子どもの気持ちは前向きになります。1時間も机に向き合えた、自分から勉強を始められたなど、小さなことでいいんです。ポジティブな自己像を構築して、できる自分というイメージを持たせてあげることで、もっと挑戦してみようという好循環が生まれます。

★ストレッチポイント12

0か100かの両極端で物事を解決しようとしていませんか?

親は「自分でやると言ったんだから全力でやるべき」など、極端な思考に陥りがちです。でも、物事は二項対立ではなくて、その間にグラデーションがいくらでもあって、その間で解決法が見つかることも多いんですよね。「やるのか、やらないのか」というロジックは子どもを追い詰めます。子どもは、グラデーションの間で揺れ動きながら成長していくものだということを忘れずに。

Case 5

本当に苦しくなった時に娘が気持ちを伝えてくれるか心配

Wさんの場合

【家族構成】 夫、長女（小4）、次女（小2）

【今回相談する子どもの状況】

小3の2月から日能研に通塾中。他、バレエ、スイミング。ケアレスミスが多く、テストの点数が思うように伸びません。親のほうがものすごく悔しくて熱くなって「もったいない！」と連呼してしまい、娘はダンマリ。私のアドバイスは高校受験から学んだ経験であり、幼い小学生に同じことを求めるのは酷なのかなとも思えます。とはいえ、このまま親が管理している状態では、たとえ合格しても成功なのかなと。受験勉強を通して、自律的に考えて行動できる力を養ってほしいのですが、厳しすぎるでしょうか？

W 新4年生から日能研に通っています。ちょっとやってみようという軽い気持ちで始めました。中学受験ってどんなものなのか、ちょっと踏み入れてみたくなったっていう親のエ

ゴがスタートなんです。でもやるからにはちゃんとやらせたいなと思ってかなりサポートしながらやってきて。夏休み明けから点数こそ変わっていないものの、中身が変わったなっていうか、秋以降、徐々に力はついてきているなっていうのはあるんですけど、ケアレスミスだったり、問題がちゃんと読めてないだけだったり、すごくもったいないのが目立ちます。この週末のことなんですけど、そういうのを全部カウントしていったら4教科で70点くらいあって、歯痒《はがゆ》くて。

おおた 塾に通い始めて約1年。夏休み明けから中身が変わったと。まずそこに気づけるのがすごいですよ。ケアレスミスが70点あるというのは純粋に言えばそこは伸び代で、今の時点で頑張ってるね、できてるよって、本当はあと70点分取れるんだからっていう形で伝えれば、お子さんも前向きにもったいないって思えるのかなって。その惜しい部分はどういうふうにお嬢さん自身は認識しているんですか？

W 私もそうやって伝えているんですけど、そうすると満足しちゃうんですよね。「私、できてるんじゃん」って。でも、記述式ならプロセスも評価してくれるけど、そうでない場合、わかってるバツとわかってないバツって同じに捉えられちゃうから。そこが私は悔しいと思うけど、彼女は思わないっていう。

おおた なるほど、そこは僕も答えやすいなって思ってるんですけど、中学受験の目的っていうのは、今から2年後の本番で力を発揮することじゃないですか。だから、わかっているものを確実に点数に変える力が2年後についていればいいわけです。その子の性格によってケアレスミスが多い子と、それを潰すのが上手な子はいますけど、今の時点ではそんなに気にしなくていいんじゃないの？って。今、力があるんじゃんって思えるお嬢さんの性格は素晴らしいなと思いますし、それを生かして、そうだよって調子に乗せてあげることが重要かなって。逆に**あなたはケアレスミスばかりするから70点低いのよってあんまり言われると、自分はそういう人間なんだって呪いにかけられちゃうから。**4年生でハイパフォーマンスを求めようとしたらいかようにもやり方ってあるんですよ。試験範囲も狭いし、親が主導してドリル的にやらせれば、点は取れる。でも、それをやってると、自分で考えないし、自分の勉強の仕方も見つけられないから、カリスマ家庭教師の安浪京子さんがよく言う「フェイク学力」になってしまう。最初は良くてもじり貧になっていく。少しの勉強でも点数に表れる子とそうでもない子がいると思うんですけど、その子なりに頑張る経験、必ずしも結果が思い通りじゃなかったとしても前向きに捉えていく内面の経験を積んでいくことが、中学受験をすることの意味だと思うので、結果に表れてなかったら無駄って思わないほうが中学受験という経験を豊かなものにできるんじゃないかなって。

W 自立とか、しなやかさみたいなものとか、打たれ強さとか、そういう力がつけばいいのかなって思いはあるんだけれども、見えてこない結果にもモヤモヤしてしまいます。

おおた 自立性や打たれ強さ、最近の言葉で言えばレジリエンスというものを身につける中学受験っていうのは、僕の価値観とも一致するんですけど、一方で結果を求めてしまうっていうのは、まぁそりゃあ子どもが頑張ってたらその分の結果が出てほしいなっていうのは親の性だと思うので。

W 結果を成功体験やバネにしてほしいなって。

おおた 結果を出すことによってやればできるっていう好循環を生むのはいいことだと思うし、結果を求めること自体は親の性だし。たとえば親子で釣りに行ってせっかく魚がかかっても逃しちゃったら「何やってるの！」ってなることありますよね。そういう親の性とどういうふうに付き合っていくか。**つい本人以上に私のほうが悔しくなっちゃうんだよなっていうのは、中学受験という機会に親として存分に味わってほしくて。それは親であることの醍醐味なわけだから。**でも、それをそのまま子どもにぶつけてもいいことない。我が子のまだ足りない部分には親として気づいておかなければいけないんですけど、そこにあまり注目しすぎないこと。親が注目しているところを子どもは自己像として強化していってしまうので、ネガティブなところは見て見ぬフリをしていくのが原則なんだろうなって。

W そこがどうしても態度に出ちゃうんですよね。ポジティブ変換とかすればいいんでしょうかね。

おおた　いろんなやり方があるんだろうな。ポジティブ変換みたいなやり方もあるだろうし、「★13**そこでネガティブに反応してしまう自分って何なんだろう**。なんでこんなに悔しい思いをしてしまうのか。その価値観はどこで培われたものなのか」をお母さん自身が探求していくという方法もあると思う。最初から人間的に完成している親なんていないので、皆さんが似たようなプロセスを踏むんですよ。最初は「自分の受験なのになんでうちの子はこんなにやる気ないの？」って思うの。それを言いたくなっちゃう気持ちをどう処理するかっていうのは、お母さんに突きつけられた課題。お子さんが算数の難しい問題と向き合っている時に、お母さんは自分が持っている信念と向き合って、その正体を探るという課題に挑む。だいぶ抽象的なことを言っていますけどね。

W　概念的にはわかるけど、行動として自分を抑えられるかなって思いますね（笑）。

おおた　少しずつできるようになればいいと思いますけどね。今回、私ごちゃごちゃ言わなかったとか、一瞬ギクッて思ったけどちゃんと抑えられたとか、「できちゃった体験」に注目してください。これは心理カウンセリングなんかでもよく使う手法で、専門用語では「例外の発見」って言います。その例外が起きた時にいつもと何が違ったのかを探ってもらいます。いつもなら顔を歪めてしまうところで「次頑張ろうよ」って言えた時は★14**自分がどう**

いう状態だったのかってスクリーニングする。そうやって例外場面を増やしていくんです。

W　今そうやって言っていただけて、やっぱり夏休みの前半と後半で何となく私の態度は変わったかなって思いますね。それは子どもの成長を見て取れてるから、多少褒めてあげられる余裕があったなって思いますね。

おおた　それは素晴らしいじゃないですか。

W　子どももうるさい親だってわかってるから、うまくすり抜けてくれてるのかもしれないです。子どものほうが大人だなって（笑）。

おおた　お子さんからは、どういう親だと思われていますか？

W　うるさい母親だと思われているとは思うんですけど、そこへの対応の仕方みたいなのも彼女は体得しています。そこでやっぱり〝いい子〟になっちゃうから、あまり自分の意見を言わないんですよ。だから申し訳ないなって。

おおた　申し訳ないなっていう気持ちもあって、それでも自分が畳み掛けるように言ってしまうのもあって？

W　たまにわがままを言ってみても、お母さんにピシャリと言われちゃう、みたいな。客観的に見て「ごめんね」って思うけど、そういう関係性ができちゃってて。中学受験で本当に苦しくなった時に自分の気持ちが言えなかったらまずいなって心配です。

おおた 今お話を聞いていると、お母さん自身の「こんな自分なんですけど、どうしたらいいでしょう?」っていう相談に聞こえてくるんですけど、合ってます?

W そうなってきちゃいましたね（笑）。

おおた 変わらなきゃいけないのは自分なんですって捉えてますよね。

W 使いたくない言葉ですけど、娘にマウンティングしちゃってるんでしょうね。自分の嫌な面ばかりに気づかされます。

おおた お子さんに対して期待が高いんでしょうね。

W 高すぎちゃうんでしょうね。

おおた それは親ですから当然です。その期待は期待として、一方で現実は現実っていうところの境目を、乗り越えがちになってしまうっていうことなのかしらね。

W 抜けてるところも全然あって子どもにバカにされることもあるんですけど、ちゃんとする部分はちゃんとしたいので、厳しい部分もあって……。だから関係としては、悪くはないと思うんですけど。

おおた うんうん、それは伝わってきます。抜けてるところがあるお母さんなら大丈夫です。「今、これを伝えたところで効果があるか。ポジティブな作用をもたらすか」を★15 **一つ一つ吟味して言葉を選ぶ練習をしてみてください。** あとは、子どもがうまく距離をとってくれたなって気づけたら、深追いしないこと。そんなふうにできれば上出来なんじゃないかな。

W そこですよね、逃げたら追いかけてるなって。

おおた 咄嗟のことってなかなか抑えられるものじゃないけど、深追いしないっていうのはできると思うから。あと、もう一つ、差し出がましいことを言うのなら、1年後くらいには志望校を具体的に考え始めると思うんですけど、そこで、これ以下だったら意味ないじゃないみたいな損得勘定にとらわれないようにしてください。**中学受験ってこれだけ多様な進路があって、自分の未来は自分で選べるんだよって提示してあげるための機会だと思うけど、ここしか行っちゃいけないって視野を狭《せば》めるようなメッセージになってしまうのは僕の中学受験観からするともったいないので。**

W そこは肝に銘じたいです。損得勘定っていう言葉にすごくドキッとしました。

おおた **受験なんて構造的には相対的な競争の最たるものなんだけど、そういうイベントだからこそ、その中であってもどれだけ絶対的な価値観を親が伝えてあげられるかっていうところに面白みがあるはずなので。**テストの点には表れなくても親だからこそ気づける成長ってあると思うんですよ。そこの目はお母さんはすごく優れていると思うので、ぜひそれを生かしてもらえれば、相対的なものにとらわれない中学受験ができるはずです。

★ストレッチポイント13

子どものネガティブな部分に過剰反応してしまうのはなぜ？

子どもの至らなさにイライラしてしまうのは、子育てをしているとよくあることですよね。多くの場合、イライラの原因は、自分のコンプレックスを子どもの中にも見てしまっているのか、逆に自分はできたのに我が子ができなくて許せないかのどちらかです。まずはそこを分類できるだけでも変わってくると思います。自分と同じ弱点を持っているなら、自分もできないものをなぜ子どもに求めているのだろうと気づけるし、自分はできるのにと思っているなら、自分にだって苦手なことはたくさんあると気づけるはず。そうやって相対化することで、気持ちを鎮めることができるのではないでしょうか。うわべだけ声がけを変えても効果は限定的です。

★ストレッチポイント14

たまたまうまくいった時は何が違いましたか？

いつもはうまくいかないことがうまくいった時を、心理学的には「例外の発見」と言います。うまくいった時にいつもと何が違ったのか、自分がどんな状態だったのかをスクリーニングしてみましょう。前日の夜に夫婦でたくさん会話ができた、朝ご飯が美味しかったなど、些細なことかもしれません。そうしたら、今度はそれを意図的に再現してみましょう。そうして例外場面を増やしていくのです。自己暗示に近いですが、結構効果がありますよ。

★ストレッチポイント15

その声かけ、自分が言われたらどう感じますか？

言葉を吟味するとは、これを言ったら相手がどう感じて、どう動くだろうと想像すること。要は、子どもになりきって考えることです。朝から学校に行って休まず塾に行き、夜疲れて帰ってきて、いきなりその言葉をかけられたらどういう気分になるか、それで本当に机に向かう気持ちになるかと想像してみましょう。

Case 6

思ってもみない自分が現れて、自分でもびっくりします

Sさんの場合

【家族構成】夫、長男（小2）、次男（5歳）

【今回相談する子どもの状況】

今でさえ、学校や学童、習い事の管理など、パニックになるぐらい追われているのに、さらに物理的、精神的サポートが必要な中学受験を夫婦共働きで乗り切れる自信がありません。また、私は公立育ちで、東京の中学受験熱に驚いています。低学年から入塾させないと間に合わないと先輩ママから聞きますが、早期の通塾で息切れしないか？子どもがプレッシャーに負けてしまわないか？ということも心配です。

おおた　中学受験が始まる前で、まだ具体的な悩みというわけではなくて、先行き不安、みたいなお話ですね。

S　はい。サピックスに入るには1年生からという話でママ友の間で既にざわついていま

す。東京というエリアの特殊性というか、今から不安を煽られている感じではありますね。

おおた　ざわついている中で、どう感じているんですか？

S　まずは学習する習慣をつけたほうがいいかなって。今サッカー熱が過熱しているので、どこに勉強の時間を差し込むんだろう？って。もともと勉強が大好きっていう子でもないし。

おおた　熱中できるっていうのは一つの力だから、素晴らしいですよね。低学年のうちに身につけておくのは点を取る力じゃなくて学習習慣という考え方もいいと思います。1日15分でいいから学校の勉強とは違うものを勉強する習慣をつけることが大事っていうのはどこの塾の先生もおっしゃっていて。学習の習慣がないのに小4でいきなり勉強を始めるのは難しいけど、それを少しでもやっていれば1時間に増やすことはできる。そういう意味で学習習慣をつけておくことはすごくいいことですよね。1年生から塾に通わせなきゃいけないみたいなのには、どう感じてらっしゃるんですか？

S　子どものためというより自分自身のアイデンティティのためにやってるのかなって思うお母さんがいらっしゃったりもして。そこに影響を受けちゃっていいのか。焦りだけが先行するのは本当に良くないなと思っているので。

おおた　学習習慣をつけるという意味では、どんなことを考えてますか？

S　公文ですかね。周りでも3人に1人は行ってるので、公文はどうかなって。

おおた　学習習慣をつけるという意味では公文もありだと思う。あと、サピックスに小1から入れておかないと中学受験できないっていうのはデマですよ。建物は作れても先生を大量に養成はできないから、教室は増やせないんですよね。だからサピックスに入ること自体が難しくなっているのは事実で、早い段階から椅子を確保していく、お花見の場所取りみたいな形になってるんだと思うんですけど。それなら別の塾に行けばいい。逆に言うと、サピックスもトップクラスは割と空きがあるんですよ。本当に最難関を目指すような子であれば、途中からでもサピックスに入れるんです。一方で、四谷大塚にも低学年クラスは昔からあるし、じゃあ、小1でサピックスなり四谷大塚なりに入ったら、いきなり放課後が潰れるかって言ったらそんなことはない。いかに勉強の楽しさに気づいてもらうか。勉強を生活の一部にしていくっていう狙いでプログラムを組んでいるので、サピックスに入れたからその瞬間から受験が始まるっていうふうに恐れなくてもいいかなと。

S　夫は中学受験をしています。最近『二月の勝者』のドラマを夫婦で見ながら、自分がこうやって冷静でいられるのもいつまでなんだろう？とか考えます。仕事をしている時は冷静でも、いざ我が子のことになったら思ってもみない自分が現れたりして、自分でもびっくりしますから。

おおた　思ってもみない自分？

S 怒り方一つにしても狂気に満ちた怒り方をしちゃって、はっと我に返ったりして。今ですらそうなのに、受験でパニックになってたりすると、どういうコミュニケーションになるんだろうなって。心持ちとかアドバイスをいただきたいです。

おおた 未知の自分に対する不安があるわけですね。自分も我を失ってしまうかもしれないと思うのはすごく正しいこと。間違った対応をやらないようにするのが大事なんじゃなくて、やった後に繰り返さないようにすることが大事。★16**失敗すること自体を認める、自分の未熟さを認める**。なんでこんな点数取ってきたの？ってなった時に、対処法としては2つの方法があるじゃないですか。一つは子どもの成績が上がればそういう感情は起こらない。もう一つは自分が★17**期待しちゃうのは自分の勝手な思いなんだって気づくこと**。自分の中に期待があるがゆえのガッカリ感とか怒りみたいなものが湧き上がってくることの解決を子どもに求めたら、子どもは辛くなるんです。それは親自身の問題として引き取るべき。子どもが頑張ったから偏差値60取れると思ったのに偏差値55だったからガッカリしてついカッとなっちゃうことが仮にあったとして、じゃあ偏差値60を取ったとしてもどうせ次は65を求めるんですよ。親は必ず不安や不満を発見する生き物なので。★18**不安や不満を感じた時に、それが自分の中のどこから出てきたのかを探求する**のが自分に与えられた課題なんだっていうスタンスでのぞむと、親も成長できる中学受験になると思います。

S 自分のことだったら自分で責任を負って自分の力でどうにかするしかないけど、頑張るのが自分じゃないので、人の人生を背負うのってこんなに大変なんだって。

おおた 今、自分が責任を負うという表現がありましたけど、結局親って責任取りきれないんですよね。**親がどんなに寄り添っても、最後に試験会場に入っていくのは子ども一人なんだっていうのがすごく象徴的な瞬間で。この子は自分で歩んでいくんだなって親も痛感できるのが親にとっての中学受験の一つの意義。否応無しに親も成長させられるんです。成長するんだから、必ず痛みも伴うけど、それは悪い痛みじゃない。**

S それをうかがうと、ちょっと中学受験が楽しそうに思えますね。すごく参考になりました。

おおた こんな話をしても具体的には何にも役には立たないと思いますけど、状況に合わせてご自身で応用していただければ。他に何か考えていることはありますか？

S あと、子どもが結構繊細なんですよ。実は美容院に行ったら円形脱毛症ができていて。本人も気づかないうちにいろんなものを抱えていたんだなって。そういう子が、中学受験のストレスを乗り越えていけるのかなって。

おおた それは切実な不安ですね。ただでさえ今の中学受験は12歳にとってはギリギリの精神的負担を強いていると思うので、キャパオーバーにならないような配慮はしていくべきだろうなと。そういうお子さんの特性に気づいているのであれば、塾選びとか勉強のスタイルというのは柔軟に捉えてあげる必要があるかなって思います。はっきり言っちゃえば、サピックスみたいなスタイルの中学受験で有利なのは、大量の課題をこなす処理能力と忍耐力、そして与えられた課題に疑問を持たない、鈍感力を持ってる子。繊細な子は拒否反応を示す可能性はあると思いますので、やってみて、ちょっと違うぞと思ったら躊躇《ちゅうちょ》なく別の方法を考えていいと思います。少人数で見てくれる中規模塾だとか、個別対応できるような塾……。でも、小さな塾はそれはそれで難しいんですよね。知らない街で美味しいお店を見つけるのって難しいでしょ。大外れもある。地元の口コミでよほど安心できる塾があればいいけど……。まだ時間があるので、今の時点からそういう情報を集めておけるといいですね。

S　小さな塾って情報がなくて不利になったりしませんか？

おおた　僕の個人的な感覚で言うと、ほとんどないんじゃないかな。というのは、模試は誰でも受けられて、そこではかなり細かく学力の分析もされるし、インターネットでほとんどの情報にアクセスできるし。むしろそれらのビッグデータを活用するためには、子ども自身をどれだけ解像度高く見ることができているかが重要です。大手塾の弱点っていうのは生徒一人一人が見えてない可能性があることですよね。それよりは、一人一人の個性や学習履歴を把握していて、それならこの子に合うのはこういう学校だよねとか、こういう勉強法だよねっていうのが職人技的に判断できる塾には魅力があると思うんですよ。

S 中学受験っていつからこんなに恐ろしい、修羅の世界だと思われるようになっちゃったんでしょう？

おおた 本当にここ数年ですよね、戦場に送り込むんですか？ みたいな雰囲気ありますよね。最近では『二月の勝者』に出てきた「狂気」が、主人公の真意を外れて一人歩きしちゃったっていうのはあると思います。あとはね、「東大に入れたママ」信仰みたいなのもあると思いますよ。あそこまでやる人が勝つんだっていう価値観ができてしまった。もうちょっと遡《さかのぼ》ると「中学受験は親が9割」みたいな言葉も、子どもの将来に関して親が責任を抱え込むっていうおかしな構造を構築してしまったと思っています。あとは何なんだろうなぁ、実際にやった人たちが自分はこんなに過酷な戦場をくぐり抜けてきたぞっていう武勇伝を語りすぎるのかなぁ。**ネットに細かく書き込むってよっぽどのマニアですから。あれがスタンダードだと思ったら大間違い。**

S すごい親の実践例なんかを見てしまうと、共働きのうちにはとても無理なんだけど、あれをやらなきゃダメな親なのかって思っちゃいますよね。

おおた 先ほど、いろんな塾があるよって話したんですけど、塾が終わった後も自習室で勉強して帰らせるっていうのを売りにしている塾もあるんですよ。そんなに遅くまで塾で勉強するの？って思うかもしれないけど、家で親がガミガミ言うよりも、帰ったらケーキやアイスが用意されてるほうがいい、そういうスタンスもあるんです。

S　うちも完全にそっちのほうがいい気がしてきました。今は平日は民間学童に入れてるんですけど、夜7時に送迎バスで送ってもらうスタイルなので帰ったら完全にスイッチオフなんですよね。

おおた　それも一つの中学受験のスタイルかなって思いますね。今の中学受験はあまりにも親が関わりすぎてると思うので。

S　なるほど、心構えを知ることができて有り難かったです。

おおた　僕のほうも、中学受験を始める前の人がどんなことを感じているのか知ることができて、すごく勉強になりました。

必笑メンタルエクササイズ

★ストレッチポイント16

親は失敗しちゃいけないと思い込んでいませんか？

親だって失敗するのは当たり前。自分は失敗しないと思い込んで、失敗に気づけなかったり、認められなかったりするほうが怖いですよね。失敗するのは前提で、失敗したらどう改めるのかを考えて、それを学びに変えていけばいいだけ。むしろ失敗した時こそ、親として進化できるチャンスだと、喜びを見出《みいだ》せるようになったらいいですね。親は子どもから学ぶもの。中学受験は親子の成長物語ですから。

★ストレッチポイント17

期待に応えられない我が子は、我が子じゃないんですか？

親が子どもに期待するのは当然だし、悪いことではありません。ただ、期待は期待であって、必ずしもその通りにはならないもの。期待通りじゃないからといって、子どもを責めるのはお門違いです。期待するなら、思い通りにならずに痛みを感じる覚悟を持って。愛が見返りを求めないのと似ているかもしれません。親の期待が子どものモチベーションになることもあるかもしれませんが、言葉ではっきり伝えなくても子どもは親の期待を敏感に感じとるし、親が思う以上に親を喜ばせたいと思っているもの。親を喜ばせたい一心で、第一志望に受かりたいという健気な気持ちを抱えていることも多いんです。どうせ期待は漏れ伝わっているから、控えめくらいに表現するのがちょうどいいのではないでしょうか。

★ストレッチポイント18

その不満は本当に子どものせいですか？

心理学では、自分を生きづらくする信念を非理性的信念と呼んでいて、それが不安や不満の原因だと考えます。非理性的信念とは、要は思い込みですね。子どもが勉強しない、成績が下がったなどの悩みが発生したとして、その事象自体が問題ではなく、そのことに対する親の思い込みがネガティブな感情を呼び起こしているということ。「勉強は自発的に頑張るべき」「頑張ればこのくらいの結果は出る」といった思い込みと現実とのギャップが不満の元というわけです。まずは、自分の思い込みを探求してみてください。思い込みに気づけたら、それが絶対的に正しいかを疑ってみましょう。自分の人生において、その思い込みは常に真実だったかと考えると、意外とそんなことないと気づきませんか？　そもそも親と子は別人格。親の信念をあてはめることが、必ずしも正解ではないということも付け加えておきます。

第4章

夫婦の意見が違うのはダメなこと?

Lesson3
世の中観を揺さぶる

Case 7

マッチョ気質の夫が息子を激しく叱責しています

Mさんの場合

【家族構成】 夫、長男（小5）、次男（5歳）

【今回相談する子どもの状況】

パートと起業のWワークで忙しく、息子のフォローをワンオペで担うことが難しくなってきたので、私が不在の際の宿題管理などを夫にお願いしようと思っています。しかし、息子への接し方が厳しく、テストの点数を見て過剰とも思えるほど叱責するなど、大丈夫かなと不安になることが多いです。とはいえ、夫の手を借りないと家庭が回らないのは確かで……。中学受験、どのように夫に関わってもらえばいいでしょうか？

M お聞きしたいのは夫への関わり方です。昔から仕事が忙しい人で、子どもと触れ合う時間がほとんどありません。男の子だから強くあってほしいとか、無理してでも頑張ってほしいとか、将来的には自立して生活してほしいというのがあるようでして、それを息子がで

きていないと結構キツく言ってしまうことがあるんです。一緒にいる時間がただでさえ短いのに、その6割くらい怒ってて、結構大変です(苦笑)。

おおた 大変というのは?

M 導火線が短いというか、待っていられなくて。

おおた お父さんが怒りん坊なのをどうしたらいいかってことですかね?

M もうちょっと長い目で見てほしいんです。言ったところで子どもってそんなに変わらないですよね。息子も頑張ってますし、以前に比べたら、夫の導火線も少しずつ長くはなってるかなって感覚はあるんですけど、点数を見ちゃうと「あぁ!」ってなっちゃうみたいで。動揺しちゃうんでしょうね。ちなみに成績はあまりというか、かなり良くないんですね。それでもちょっとずつ上がってきてはいます。

おおた ★19 **息子さんのストレスの度合いは、お母さんから見てどんな感じですか?**

M 今はちょっと落ち着いてるかなと思います。2カ月くらい前に私がすごく忙しい時期があって、その時は精神的に荒《すさ》んでるなという感じがありました。私が土日も仕事で出ていたので、相対的に怒られている量が多かったのかもしれないですね。

おおた お父さんの怒りはどうやって収束していくんですか?

M 「もういい!」って言って自分からどっかに行っちゃって。パッと怒るけどすぐに直るので、「ごめんねぇ」みたいな。

おおた グチグチ怒るようだとちょっと厄介だけど、お父さんもそんな自分を自覚しているのかしらね。

M 変な話、怒っても息子は聞かないので、長く怒っても無駄といえば無駄なんですよね。その感覚を夫も摑んできたのかなって。でも、あまりにも怒りすぎなんじゃないの？という時もあって、もう少しうまく関われたら受験も普段の生活もうまくいくのかなって。

おおた それをお母さんの口から直接お父さんに言ったりは？

M 落ち着いた時に言うことはあります。

おおた その時のお父さんのリアクションはどんな感じ？

M あまり聞いてくれないですね。男の子だから叱らなきゃって。成績よりも、勉強しない態度とか、約束を守れないことを叱ってるんだって言ってます。

おおた 怒っちゃう大人が必ずする言い訳ですよね。

M そうですね。

おおた 約束っていっても言質を取られてるだけだから、それで責めるのもまだ10歳の子には厳しいと思うし、一生懸命やるっていう態度だって、高校生になったってなかなかできないじゃないですか。具体的にどう伝えるかわからないけど、それを**怒りの免罪符にするな**

よっていうのを伝える方法をあの手この手で試してみるといいのかなというのが一つ。あと、もっと気になったのが、今日のお話の中で「男の子だから」っていうのが何度か出ているじゃないですか。それはどういうことですかね？

M　夫はそういうふうに言うんですよね。どういう意味なんですかね。強くあるとか、弱音を吐かないとかそういうことだと思うんですけど。

おおた　★20**いわゆるジェンダーバイアスですよね。**昨今中学受験で暴走するお父さんって話題になりやすいじゃないですか。多分、暴走するお母さんのほうが圧倒的に多いと思うんですけど、お父さんが教育のことで怒ってると目立つ。「子育てに熱心になっちゃうのは普通母親でしょ」っていうバイアスがあるから。一方で、**ジェンダーバイアスが強い家庭ほどお父さんが暴走しちゃうんじゃないかって仮説**を僕は持っています。子どもが男の子ならなおさら。ジェンダーバイアスが強い男性の場合、自分が競争に勝ち続けなければいけない、弱音を吐いちゃいけないなどと思い込んで、その分、強いプレッシャーを感じているから、それを息子へ投影してしまいやすいんじゃないかなと。でもお母さんの話を聞いていると、お母さんからお父さんに過度にジェンダーロールを求めているようには見えないですよね。お仕事もしているし。

M　そうですね。今は昼間はパートをしながら個人事業主としてもやっていて。

おおた　妻の収入が自分よりも多いことが許せない男性というのもときどきいるみたいなんですけど、その傾向は大丈夫そう？

M　年収で逆転することはないですし、仮に逆転することがあったら大変なことになりそうなので（笑）。我が家の場合は私が家庭に時間を使うこの状態で10年以上やってきたので、子どもが独立するまでは難しいのかなって。

おおた　ちょっと意地悪な分析になっちゃうかもしれないけど、お母さんもどこかで私が一歩引いてなきゃいけないなっていう意識がありそうですね。

M　今、お話をしていて思い出しましたが、考えてみたら、私の父も男尊女卑的でした。母はそういうタイプではないのに、父に合わせていました。

おおた　となると、**やっぱり根本はお父さんが男であることに対して過度に責任を感じてるっていうことなんじゃないかなと思うんですよね。**

M　それってどうしたらいいんですかね。

おおた　なかなか変わらないですよねぇ。意識的に女性差別する人なんてめったにいないけど、やっぱりどこかにバイアスを持っているわけで。

M　私が土日いなかった時とかはママ友と息子を遊ばせたりはするので、一見フラットそうなんですけど、根っこの部分では頑張らなきゃいけないって思ってるのかも。

おおた どこかの研究で、ジェンダーバイアスが強くて競争心が強い男ほど育児家事に積極的になるっていうデータがあるんですよ。なぜかというと、今やそれも、男を査定する一つの基準になってるから。もしかしたらそのパターンかもしれないですね。

M それはあるかも。友達とかに褒められるじゃないですか。そうすると気分がいいって。

おおた なるほど。そもそもお母さんとしては、中学受験のフォローを夫にもしてほしいっていう気持ちはあるんですか？

M そんなにないですけど、怒らないでっていうことですね。

おおた うーん、どうしたもんかしらねぇ。夫婦であったとしても、基本的に★21他人を変えることはできないし……。

M 夫を否定してしまえば楽というか、簡単な道だなとは思うんですけど。それは家族なので違うなって思っていて。パパのあの行動はお父さんとしては良くないし、あなたは頑張ってると思うし、でも私はパパもあなたも大好きよとは息子に伝えているんです。

おおた それは素晴らしいですね。小手先のテクニックとしては、お父さんが怒っちゃった時に「怒らないで！」って言うんじゃなくて、悪い成績を見ても怒らなかった時に「今のリアクション、ナイス！」って言ってあげるといいかもしれません。うまくいったほうに注目してあげると本人の意識が変わることがある。でも一方で、強固なジェンダーバイアスが根本的な問題ですよね。

M　男の子だからっていう時代でもないでしょって言ったら、「いや、でも、まぁ……」みたいな。こんなに考え方が違うなんてびっくりで、中学受験を通して親の考えも炙《あぶ》り出されるというか、それもひっくるめて受験だと思ってやっていくつもりではあるんです。

おおた　多分、お父さん自身が苦しいんだと思うんですね。そこで弱音を吐かずに歯を食いしばってこそ男だって思っちゃってるから。うーん、どうしたらいいんだろう？　えー、わかんないなぁ……。

M　もしかしたら、私が仕事や子育てで忙しくて二人の時間が取れてないのかも！　本来はすっごい愚痴を言う人なんですよ。喋り出すと1時間くらい止まらなくて。それを私が聞けてないのかなって。それがじわじわ溜まってきてるのかもしれないですね。お話ししながら、はっと気づきました。

おおた　抑圧されたものが子どもに向かわなくなるはずだから、緩衝材になるのはすごく正しい作戦ですよね。妻にも弱音を吐けない夫は多いけど、そうじゃないんですね。

M　昔は全然話さなかったんですけど、話し方が面白いんで、面白がって聞いていたら、だんだん話すようになってくれて。

おおた　そんな糸口があるとは！　お母さんの受け止める力がすごいんですね。

M　考えてみたら、ここ2年くらいは夫婦でちゃんと話せてないかもしれないですね。

おおた　ちょっと時間に余裕がある時に、「話していいんだよ」っていうサインを送ってあげるとすごい喜んで話してくれるかもしれないですね。「そうなんだ、そんなに頑張ってくれてたんだ」ってリアクションして、その中にサラッと、「息子も頑張ってるじゃない？」って織り交ぜるみたいなね。そういうことができたら少しずつ変わるかもしれないですよね。

M　やってみます。

おおた　起業して、息子さんの受験も見て、お父さんを励ますってちょっとお母さんに負荷がかかりすぎじゃないかなと思いますけど（笑）。

M　一日9時間くらい寝ているので大丈夫です。やってないこともたくさんありますけど。

おおた　その優先順位がつけられることがすごいです。あとは、家事みたいな部分でお父さんに任せられることは任せるとか。それもジェンダーバイアスを緩めることにつながると思うので。お父さんの導火線は短いままだとしても、男の子なんだからって言わなくなったら、それだけでもすごい変化ですよ。夫婦ともに、今が、ジェンダーに関する捉え方を変化させていく転換点なのかもしれないですね。

M　もっと受験テクニック的な話になるかと思っていたんですけど、私にとっては目から鱗のお話でした。中学受験って人生の3年間ですけど、その3年間だけじゃなくて、家族みんなの人生全体に影響するっていうことなんでしょうね。

おおた そういうふうに捉えてくれると、僕としてもとても嬉しいです。

必笑メンタルエクササイズ

★ストレッチポイント19

今のストレスを数値化したらどのくらいですか？

自己を客観的に捉える心理学的なテクニックとして、スケーリングというものがあります。幸福度合いやストレスの段階を「今は6くらい」「5に下がったけど、また8に上がった」など数値化することで、変化に気づき、視野を広げる手法です。自分自身のストレスチェックにも使えるテクニックとして覚えておくと、いろんな場面で使えますよ。

★ストレッチポイント20

自分のジェンダーバイアスを自覚できていますか？

ジェンダーバイアスも非理性的信念の一種。男はこうあるべき、女はこうあるべきという思い込みは誰しも少なからず持っていて、それが昨今の中学受験にも影響を与えていると思います。「男の子だから無理して頑張りなさい」「女の子だからこのくらいの学校でいい」といった無意識の思い込みですね。ジェンダーバイアスは父親から息子、母親から娘といったように同性の親子で投影しやすいと考えられます。もし可能なら、自分たちがどんなバイアスを持っているか、夫婦で話し合うことをおすすめします。

★ストレッチポイント21
他人を変えようと躍起になっていませんか?

心理カウンセリングの世界には「過去と他人は変えられない」というキーフレーズがあります。だから、他人を変えようと思うのではなく、まず自分が変わる。自分がスタンスや環境を変えたことがきっかけで、円環的に相手へも影響があるかもしれない……といった感じですね。でも、変わるかどうかは最終的に本人次第です。そう割り切ることで、自分自身もスッキリするはずです。人間関係において、真正面から自分の欲求や正論をぶつけても、うまくいくことって少ないですよね。それよりも、まずは自分があるべき姿になってしまうほうが、余計なエネルギーを使わなくてすみます。

Case 8

夫婦のすり合わせがないまま中学受験を始めてしまいました

Hさんの場合

【家族構成】 夫、長男（小6）、長女（小2）、次女（4歳）

【今回相談する子どもの状況】

小3の2月～小4の1月まで早稲田アカデミー、小5の夏期講習から現在まで栄光ゼミナールに通塾中。夫が地方公立育ちで中学受験に消極的です。長男は自ら望んだ受験にもかかわらず、勉強する意識が低く、私がかなり口を出してしまいます。結果、家庭内の雰囲気も悪化。本人のやる気も低下したところで一度リセットすべく、小4の1月で退塾。仕切り直して小5の夏から今の塾に通い始めましたが、やっぱりガミガミ言ってしまうし、夫は「お金は出すけど、こんなことさせて何になるの？」と言い出す始末。家庭内の足並みがそろわず、この先やっていけるのでしょうか。

H 夫が協力的じゃないんです。夫は地方出身で、中学までは公立で、高校は私立の男子進学校に入って、塾にも一度も行かないで国立大学に入って、理系で、今も本人がやりたい仕事をやっているんです。だから、「勉強なんて、本人がやる気になればやるよ」っていう感じ。

おおた 具体的に今何に困っています？

H 子どもの面倒は基本的によくみてくれるのでいいんですけど、学校見学とかに来てほしいよなぁとは思ってます。学校について、私とじゃなくて息子と話してほしい。息子が今興味を持ってることに興味を持ってほしいというか……。

おおた お母さんとしては、何のために中学受験をしているのか理解してほしい。そのきっかけとして、いい学校を見れば、少しは気持ちも変わるんじゃないかっていう意味ですよね。

H はい、そうなんです。うちの夫は、自分がやりたいことがなければどこに行っても意味がないと思ってるんですけど、そんなの11歳の子どもにあるわけないじゃないですか。

おおた 自分のやりたいことがなければどこに行ったって意味がないと言うけれど、中高一貫校に行く意味は明確にあります。反抗期を含む最も多感な時期を高校受験に邪魔されず、6年間のゆったりした時間の中で、本当の自分と向き合えること。昔の地方の学校であれば高校受験と思春期の両立も問題なかったのでしょうけれど、今の都心の高校受験でトップ校を目指そうと思ったらその余裕はなかなかない。中学受験を知らない人がよく言うのが「私立一貫校っていい大学に行かせるために行くんでしょ」ってやつで、「そこじゃないよ」っていう。お母さん自身は中学受験を経験し、私立中高一貫校の良さも身に沁みてわかっている。だとしたら、そもそもなぜ中学受験をするかという根本の価値や、お母さんにとって私立中高一貫校の何が良かったのかっていうのを、改めて説明してあげてもいいのかもしれないですね。

H　なるほど。

おおた　ここから先は夫婦関係の話になりますけど、すぐにわかってくれることを期待しちゃいけないんですよ。「説得モード」になるとたいてい空回りしちゃうので。伝えたいことを予めできるだけ端的にまとめておいて、それを伝えたら、相手が「?」な顔をしていてもそこでおしまいにする。そうすると、彼の中で、反芻《はんすう》しながら少しずつ理解するから。**説得するんじゃなくて、あくまでも自分の価値観として伝える。それに100%同意してくれなくていいっていうスタンス。これは夫婦のコミュニケーションの大原則。**そうすると、忘れた頃に意外と協力的になってくれたりするから、その変化は見逃さないでください。そこでやっぱり「ありがとう」を伝えることでいい循環に入っていく。それが夫婦関係を少しずつよくしていくコツかな。

H　子どもから塾に行きたい、受験したいって言ってきたから始めちゃったので、そこのすり合わせもしたことないし。うちはなんでもお互い関与しない感じなので、子どもの受験とかでお金も手間暇もかかるっていうことになって、初めてぶつかるっていう。

おおた　いいじゃないですか。それは中学受験が夫婦にとっての進化の機会になってるんですよ。**何かあれば夫婦や家族は必ず衝突するんです。それは悪いことではなくて、関係性が進化するうえで必要なこと。**今、価値観がぶつかり合ってるけど、それは中学受験がなくてもいずれどこかでぶつからなきゃいけなかったこと。「これを乗り越えた時に私たち夫婦はどうなるだろう？」って、楽しみにすればいい。どちらかが逃げなければ必ず乗り越えられるから。それこそセックスレスも同じ。決して悪いことではなくて、「セックスレスになりました」「解消しました」「またなりました」「解消しました」の繰り返しで夫婦関係はだんだん進化するんだから。そこに向き合い続けることが大事なんですよ。

H　面倒くさがらずに、機会を見て伝えてみようと思いました。わかってくれないからいいやってどこかで思ってたから。

おおた　そうそう、理解してもらおうとすると喧嘩になっちゃうけど、自分の考えを伝えるだけでいいから。で、学校見学の話でしたよね。

H　学校見学に行くのって土日が多いじゃないですか。下の子が小さいのでどちらかが見てなきゃいけなくて、全部一緒には行けないという現実もあります。情報が偏った中でどうやって志望校に対するコンセンサスをつくればいいのか……。

おおた 「私はここがいいと思ったんだけど、あなたの目から見てどう？　今回は私が下の子を見てるからお父さんが行ってあげて」とか、「あなたがどう思うか知りたいから見てきてよ」って、いくつかピックアップするのはいい作戦だと思いますね。お父さんご自身が男子校出身なら、男子校とかを見たら素直に「懐かしい」って思うんじゃないかな。

H そうですね。今でも友達付き合いは続いているみたいだし。

おおた あとは学校選びというよりは中学受験に向かう意思統一の手段として、これはウルトラCかもしれないけど、都立高校の説明会に行ってみたら？　中学生の親しか行けないことになっている場合が多いとは思うけど、なんとかならないかな？　昔の公立高校に通っていた人たちは、自分たちがのんびりしていたっていう意識があるから、私立なんて入れたら管理されるんじゃないかって思うかもしれないけど、実は逆だと気づくから。少なくとも東京においてはそうだと思う。要するに、かつてこれほど私立が人気じゃなかった時代に、私立進学校が進学実績を上げるための教育をしていたのと同じことを、石原都知事の時代から都立高校でやり始めたという話なので。地方と東京の状況が違うっていうことを知らないままの人が多いんですよね。知り合いの公立出身のお父さんたちと話をしていても「今は私立のほうが大らかなんだね。知らなかった」って口をそろえるんですよ。だから、お父さんも、都立トップ高校の様子を見に行くと、「私立のほうが、俺の昔の公立高校のイメージだわ」って思うかもしれない。

H 息子は内申とかも絶対に取れない気がしているので、それもあって中学受験だなと思っているんですけど、そういうのも知らないですもんね。

おおた 高校受験すればそこそこのいい高校に入れるだろうって思ってるでしょ?

H 思ってるんじゃないですか? でも残念ながら息子と夫は頭の出来が違うんです。

おおた それ以前に、東京都の人口って、東北地方と北陸地方を合わせたくらいなんですよ。そのトップ2~3校を目指すって、地方で県下の公立トップ校を目指すのとは次元が違うんです。でもお父さんは中学受験を否定したいわけじゃなくて、「家の中がギスギスするくらいならやめようよ。後でいくらでも取り返しがつくものなんだから」っていうスタンスなんでしょうね。

H そうですね、否定的というよりも本当に無関心。あと、知らないから関心も持てないんだろうなって気づいたので、説明会とかに行ける範囲で行かせてみようと思いました。じゃあ、ちょっと伸びやかな校風を選んで、見に行ってもらおうかな。あと、トップ校ってみんな様子を語りたがるけど、中堅どころの学校の様子ってあまり聞かないから、そのへんの情報を知りたいです。学校を見に行っても、そんなに学校の雰囲気も変わらないし……。

おおた　それはよく言われますね。僕もトップ校の本ばかり書いてると言われるんですけど（笑）、それはそういう学校じゃないと書籍の企画にはなりにくいからであって……。実際は偏差値に関係なくいろんな学校を取材していろんなところに記事を書いているんですよ。塾で配られるような、学校情報がたくさん書いてあるフリーペーパーみたいな雑誌とかにも。僕が書いたということが表向きわからないだけで。そのうえで、「偏差値が5や10違ったって、入ってみればそんなに変わらないから」っていつも言ってるんです。いわゆる中堅校と難関校を比べた時、確かにテストをやらせれば平均点は違いますけど、そんなの、スポーツ推薦でたくさんとっている学校の体力測定の平均値が高いのと一緒で、★22**どんなモノサシで比べるかの違いでしかない**から。じゃあ、**中堅校と御三家の生徒たちが放つ絶対的な輝きが違うかって言ったら違わないんですよ。**だったらどっちでもいいじゃないですか。ほんの少しの偏差値の違いにそんなに必死にならなくていいのになって思う。

H　もう一個だけ聞いてもいいですか？　子どもに学校を見せたくても、説明会って大して楽しくないじゃないですか。でも、学園祭を見に行っても正直あまりわからないじゃないですか。何を見せるのが正解なのかなって。授業体験も本当の姿とは限らないし。

おおた　おっしゃる通り、なかなか日常を見ることはできない。一週間くらい体験入学させてくれたらわかるだろうけど（笑）。文化祭や説明会に行ったところで学校の姿は見えないし、学校の本当の姿って通っている生徒ですらわからないですよ。でもあえて言えば、文化祭は生徒の雰囲気が垣間見える機会で、説明会は先生たちの雰囲気が垣間見える機会。あとはね、根拠のない話にはなっちゃうんですけど……。★23**恋人選びと同じで、この人と一緒にいる時の自分が好きだとか、そういう感覚あるでしょ？** お喋りの得意な人と出会って、表面的な会話は楽しいと思っても、じゃあその人とずっと一緒にいて自分らしく心地よくいられるかって別じゃないですか。それと同じで、子どもはたまたま面白いお土産をもらったら「この学校好き！」ってなっちゃうけど、それは当てにならない。むしろ子どもの無意識が発するサインを感じとらなきゃ。**つまり、子どもの目が輝いているか、体が躍動しているか、心が落ちついているか、その風景に子どもが馴染んでいるか、そこを見る。AIなら各学校のメリット・デメリットを洗い出して論理的に比較するんだろうけど、人間には「この環境は自分に合っているか」ってことを瞬時に嗅ぎ分けるセンサーがある。逆に、直感的に違和感を持ったら、それは確実にやめたほうがいい。違和感の種はどこかで必ず膨らむと思うので。**

H 一緒に見に行って、息子がここでこの制服を着ていても違和感ないだろうなっていうのを頼りにして決めていいんですね。

おおた そうそう。自分の感覚のほうがスペックよりも大事。

H　なるほど。

おおた　ついでにもっと低学年のお子さんがいらっしゃる読者のためにアドバイスするのならば、★24**小さい頃から子どもの無意識が発するサインをキャッチする練習をしておいてください**ということです。中学受験では、言葉にはできない子どもの雰囲気を感じとって判断しなきゃいけない場面がたくさんある。それは急にはできないから、小さい頃から子どもを見る目を鍛えておく必要がある。どういう時にうちの子はイキイキするのか、目を輝かせるのかを見ていてほしい。子どもをよーく見ていると、「この子がいい状態にいる時は、こういう表情するんだ、こういう歩き方するんだ！」っていうのがわかってくるはずだから。

必笑メンタルエクササイズ

★ストレッチポイント22

子どもをたった一つのモノサシで評価していませんか？

中学受験においては、どうしても偏差値というモノサシでジャッジしてしまいますが、背の順、足の速い順、算数のできる順など、どんなモノサシで比べるかで子どもへの見方はまったく変わりますよね。親に必要なのは、我が子を最大評価するモノサシを持っておくこと。やる気がなかなか起きなくてもやる気になった時の集中力がすごい、堂々とやりたくないと言える主体性がすごいなど、視点を変えればいろんなモノサシがあるはず。社会では様々なモノサシで評価されます。社会に出た後も、自分の価値を損なわないようなモノサシを子どもに持たせてあげることが大切ではないでしょうか。

★ストレッチポイント23
データやスペックにとらわれていませんか？

人間は自分に相応しい環境や相手を直感的に嗅ぎ分けるセンサーを持っています。恋人や結婚相手を選ぶ時もスペックだけでなく、一緒にいてなんだか落ち着けたり好きな自分でいられたり、なんとなくの直感が大事ですよね。学校選びも同じ。スペックが高くて世間で言われる人気校だとしても、直感でモヤモヤするなら絶対にやめるべき。その違和感は大事にしてください。

★ストレッチポイント24

子どもの目の輝きをちゃんととらえていますか？

子育てに迷った時の判断基準は、子どもの目が本物の輝きを放っているかどうか。それを見極めるには、小さい頃から子どもをしっかり見ることが大切です。心から夢中になっている瞬間にどんな目をするか、どんなふうに体が躍動するかをしっかり見ておいてください。たとえば、塾から疲れて帰ってきて「疲れたー！」と言いながらも目が輝いていればまだ大丈夫。逆に目が死んじゃっていたらオーバーワークだから危険信号。ただし、ゲームをやって目が爛々《らんらん》としているようなのはメッキの輝き。家族でたき火を囲んでいる時に見せる穏やかな目の輝きが、その子の本当の目の輝きです。輝きが、外的刺激によるギラギラしたものなのか、内発的なきらきらしたものなのかを見分けなければいけません。子どもの目を見極める力があれば、中学受験が終わって思春期や青年期になっても子どもを正しく見守れるし、背中を押すべきタイミングも判断できます。

Case 9

これからもやっぱり学歴は重要って夫が言います

Kさんの場合

【家族構成】 夫、長男（中1）、長女（小5）

【今回相談する子どもの状況】

小3から早稲田アカデミーに通塾中。他、野球とピアノ。今年、長男の中学受験が終了しました。本人の希望する中学に合格して楽しく通学していますが、友達から「お前の行く学校は滑り止めでも受けない」「偏差値いくつ?」と言われたり、夫は会社で「大学を考えたら微妙ですね」と言われたそうです。夫も「学歴社会はなくならない」と子どもたちに教えています。そんなことがあってからの、娘の受験です。私は、子どもに合う学校を見つけることが大切だと信じていますし、中高の6年間を安心して過ごせる場所があることは幸せだと思っています。一方で、やっぱり学歴は高いほうがいいのだろうか?どこまで頑張らせるべきか?について悩みます。

K 上の子は、中学受験が終わって友人から「俺の友達、その中学に受かったけど偏差値低いから行かないらしいよ、公立中にしたって」と言われたようです。夫も会社で同様のことを言われたと。夫自身も「やっぱり学歴は重要」ってはっきり言います。そう言われると、私がもっと頑張って、偏差値が1つでも高い学校に入れたほうが良かったのかなって、不安になります。下の子はどうしようって。

おおた 僕も学歴社会はなくならないと思います。より正確に言えば**「学歴で生きている人たちの世界」はなくならない。「そういう世界」しか知らない人たちが無理して学歴と関係ない社会で生きていく必要はないですけど、それだけが社会だと思うのは間違い。そうじゃない世界も必ずあるんです。要は家猫みたいなことですよね。外の世界には怖くて行けない。野良猫の生き方を知らない。**

K 自分の子どもにそうなってほしくないと思ったら、学歴社会じゃないところで生きていくことも教えたいですよね。

おおた ここだけが世界だって思わせなければいいんです。「学歴がないと生きていけないよ」と脅して追い込んじゃえば、文字通りの死に物狂いなわけですからパフォーマンスは上がるかもしれないけど、それが幸せかどうかはわかりません。そもそも「勉強やりなさい」ってお尻を叩けば偏差値は上がるのかって問題もありますけど。

K なかなか頑固な息子で、去年もコロナ禍で向き合うことがたくさんあって、私が折れちゃったというか。この子の意思は変えられないと思って。意思を尊重しながら、我慢もしながらやってたんですけど、娘はそこまでの意思がなくて、あれもやりたいこれもやりたいっていう感じで、そんなの全部はできるわけないじゃないっていう状況で。

おおた 一旦は息子さんと向き合って、子どもを尊重する中学受験ができたわけじゃないですか。一方で、息子さんの時に持っていた信念が揺らいでいるのだとしたら、**★25揺るがしているのは何なんでしょうか？**

K 女の子だからどうしようとかっていう考えも入ってきちゃうところもあって。娘は男の子の中で野球をやっているので、なかなか根性もあるんですけど、今、早稲アカに通っていて、両立はちょっと無理かなって。息子の時は野球も受験も頑張りなさいって言ってたんですけど、娘にはそこまで思えなくて。それで、私自身女性の生き方に偏見があるんじゃないかって悩んでしまったり。自分がそういうふうに思ってしまう部分があるので、そうじゃない学校に入れたいとも思ったり。

おおた 確かにお母さんの中のジェンダーバイアスの影響もあるかもしれません。でも大事なのは娘さんがイキイキしているかどうかですよね。テストで点数を取るのが得意で、学歴で生きていくんだっていうのは一つの生き方だけど、それがその子に合っているかどうかですよね。

K うちの子に関してはそっちじゃないしなって。

おおた 男の子に交じって物怖《ものお》じせずに野球を楽しめるなんて、すごく個性的に育っているじゃないですか。それをいかに潰さないかですよね。

K そうなんですけど、夫と意見が合わなくて。私はそこまで頑張ってるんだったら野球頑張ればって思うけど、夫は「テストの点数が悪かったら野球行かせないぞ」って言うんです。長いスパンで考えたら、私立に入るほうがいいから言ってるんでしょうけど、私は今やっていることを大切にしたいと思っていて。そこがなかなか……。

おおた お母さん自身がお父さんとの関係の中で板挟みになってるのかな。

K 気持ちは板挟みなんですけど、態度は子どもに寄り添ってますね。でも、それがいいのかどうかっていうのはわからないから。

おおた そんなこと言わないでしょうけど、「お前が責任取れるのか」って言われたら、ねぇ。

K そうなんですよね。子どもを育てていて、赤ちゃんの時に「この子ってこういう子だな」って思ったことって変わらないんだなって。だから多分これでいいんじゃないかっていう勘はある。娘の個性を生かして一生続けられる仕事を見つけてほしいと思っていて、そのために中高でできる友達ってすごく大事なんじゃないかなって思っていて、それもあって私立に行ってほしいっていうのもあって。

おおた　**個性や特技でメシが食えるのかって批判が昔からあるんですけど、それって「独りで生きていく」発想なんですよね。**どういうことかというと、たとえば私は絵が好きだと。でも、昔の親御さんが言ったのは「そんなの筆一本で食べていけるわけないでしょ」って。それは絵の技術だけで生きていこうとすることですよね。画家とか。でも、これからは絵が上手な人とITの得意な人が組んだら、何かイノベーションが生まれるかもしれないし、農業や林業、医療と組むかもしれない。自分にしかできないことがあることによって、どこかのチームに加わることができる。〝自分が持っていない才能を持っている人とチームになる力〟って僕は言うんですけど。そう考えると、ニッチでもいいから人にはない能力を持っていることが大事。つまりスペシャリストになっていく必要がある。

K　夢とかも学校で書かされるけど、息子は、書くことがないって。私もなかったので。それなのに、★26子どもには夢を持ってほしいって思っちゃうんですよね。

おおた　子どもが夢を語ってくれたら親はひと安心ですから。でも、まだお兄ちゃんだって中1でしょ？

K　じゃあ、何かのスペシャリストになってほしいと思った時に、親がすべきことって何なんですか？

おおた　**子どもが目を輝かせた瞬間を見逃さないこと。で、「今、いい目してたね」って言うだけ。**

K　息子は割と個性的で、サンタさんに昔頼んだものが宝石だったんです。私が母から譲り受けた宝石が入っているのをリフォーム屋さんに持っていったら、そんなこと言う子はいないから協力してあげるって言われて、売り物にならないような物までくれたんですよ。だから息子はいいんですけど、娘がわからない。あれもやりたいこれもやりたいって言って、いろんなところに目が輝いていてよくわからない。

おおた　どちらのお子さんもそれぞれに素晴らしいじゃないですか。

K　もう中学受験はやめて、高校受験にしたら？って言ったんですけど、勝ち負けが好きなので受験はやりたい。でも、結果が出なくて泣いたりしてるんですけど。

おおた　それはいいことですよね。あれもこれもやりたいって言って結果は中途半端だとしても、目が輝いているならどれも必要なことだから。

K　結果が中途半端っていうのが良くないかなって思うんですけど、それで輝いていればいいんですね。

おおた　はい。結果が中途半端でも、目が輝いているなら、それもその子にとって必要な経験だということです。どれもやりきったって思った時に、「じゃあ、勉強するわ」ってなるかもしれないし、もしかしたら「徹底的に野球やるわ」ってなるかもしれない。

K　私は、それはそれでいいと思います。

おおた　お母さんはそこでそう思えるじゃないですか。普通はなかなかいないですよ。「いやいやいや」って中学受験に戻そうとしちゃう。でも、お母さんにはしっかりした軸があるから、息子さんもお嬢さんも軸を持ってる。お嬢さんは結果を出したいっていう競争心も強いですから、「あれもやった。これもやった。満足したぞ！　ここから先はこっちに集中するぞ！」ってなった時に、めちゃくちゃ力を発揮すると思う。

K　実際は、私自身は本当にブレブレで……。

おおた　でも、それはしなやかなブレだから。なかなか世の中の教育ママが持てないような大らかさを持っているから。そういう余裕がある人だったら、十分に耐えられる振れ幅だと思います。でも、これだけ話して申し訳ないなと思っているのが、旦那さんを説得する方法を提案できなかったっていう……。

K　結婚してわかったんですけど、この人を論破するのは無理だなって。だから喧嘩はしないんです。★27**ひたすら黙るっていう作戦**。でも、子どもが抵抗しているのを見ると、あぁどうしようって。自分のことなら適当に無視しておけばいいんですけど、子どもが苦しんでいるのがわかると、どうかなって。

おおた　**両親の考え方の違いは、子どもが育つ「奥行き」になります。**逆にお父さんとお母さんが完全一致してたら怖いですよ。子どもも同じ価値観しか持てないからコピーロボットになっちゃう。お父さんはこう言ってる、お母さんはこう言ってる、その矛盾の中で自分なりの答えをその都度考えていくことが人生なんだから。

K　よく、中学受験で夫婦の意見がそろってないと失敗するって見るんですけど。あぁ、それならうちは無理だって。

おおた　いい点数を取ろうとか第一志望に受かるっていうことで言えば、意見を統一して「これしか道がない」ってやったほうが効率的ですよ。「幅」があるとぐらぐらして最短距離ではなくなるわけだから。でも、**「幅」こそ人生の豊かさになるので。**意見が違うことで喧嘩したりして、子どもが傷つくような事態は避けたほうがいいですけど。

K　そこではちょっと自信が出ました。私は地方で育ちましたけど、地方に住んでいると選択肢がないですから。それに比べると選択肢が多すぎて、選べるところにいると、選びたくなるんですよね。考えて選んでっていうことを繰り返すのってこんなに疲れるんだって。

おおた　それが自由っていうことですからね。

必笑メンタルエクササイズ

★ストレッチポイント25

今の自分を脅かしているものは何ですか？

気持ちが揺れたり悩んだりする時、自分自身が原因なのではなく、自分の外にある何かが自分に影響を与えていると捉える、外在化というテクニックがあります。外から自分を襲ってくる魔物がいる、あるいはときどき自分に憑依する妖怪がいる、どういう方法なら魔物や妖怪から自分を守ることができるのか、と考えることで、客観的に対策を講じることができるようになるわけです。「あ、またイライラお化けがやってきた」とか「今、私、妖怪フアンフアンに取り憑かれそう！」みたいに、魔物や妖怪に名前を付けちゃうのもおすすめです。

★ストレッチポイント26

自分自身がいつも夢や目標を持って生きていますか？

子どもが夢を持っていると、大人はなんとなく安心ですよね。でも、いつも夢や目標を持って生きられるかというと、自分自身を振り返ってもそうとは限らないのではないでしょうか。夢に向かって頑張る姿は確かに美しいけれど、夢がなくても頑張れるのはもっとすごいこと。特に子どもの場合は、親に喜んでほしい、親の瞳に映る自分をより良くしたいと願うことが頑張るモチベーションだったりするんです。だとしたら、親がまっすぐに子どもを見てあげることが、子どもに夢以上の力を与えることもある。それは何よりも尊い、まなざしの力だと思います。

★ストレッチポイント27

夫婦は価値観が同じでなければと思っていませんか？

どうせ話してもわかってもらえないからと黙り込むのは、相手をディスカウントしている、要はみくびっているということ。わかり合えないのを相手のせいにして、まだできることがあるかもしれないのに諦めている状態です。ここで必要なのは相互理解。相互理解とは、お互いの考えを一致させることではなく、相手はそう考えるんだと認めること。共感や同意は必要なくて、違っていいと気づくことがファーストステップではないでしょうか。「あなたはそう考えるけど、私はこう思う」とサラッと伝えることで、相手も円環的に何かに気づいてくれるかもしれません。

第5章

負けたらなくなるプライドって何ですか？

Lesson4
人生観を揺さぶる

Case 10

中学受験する目的って何なんでしたっけ？

Tさんの場合

【家族構成】 夫、長男（小3）、次男（5歳）

【今回相談する子どもの状況】

小1から続けている公文は、算数と国語ともに現段階でG教材。小3になった今、中学受験をするならば3年の2月からという情報を得て、焦っているところです。将来は生物関係の研究者になりたいと話している息子。目標があるので、研究者を目指せるような大学に進学するための学習環境が整った中学がいいのではと感じています。一方で、今の中学受験や子どもたちの過酷さを知り、尻込みしています。

T 息子は3年生で、1年から国語と算数だけ公文に通ってG教材（中1相当）まで進んでいます。子どもの頃から生き物がすごく好きで、将来は研究みたいな仕事をしたいなと言っています。そういう目標があるのならば、中学受験して学習の環境が整っているところに行

かせてあげたほうがいいんじゃないかなと。ただ、私には中学受験の経験がないので『二月の勝者』という漫画を読んだりもして、ちょっと腰が引けています。2月から塾に通うことは決めていますが、学年が上がるとどんどん回数も増えて、時間も遅くなるはずです。そういう生活に息子を突入させて、精神的に大丈夫だろうかという心配があります。今、不安のほうが大きい状況ですが、中学受験をすることのメリット、デメリットなど、率直なご意見を聞きたいです。

おおた　知的好奇心も強いっていうことだから、中学受験でも高校受験でもいい結果を出せると思います。だから、中学受験をしないと不利になるみたいに考えなくていい。強迫観念になっちゃうから。そのうえでメリット・デメリットの話になるんですが、そういう質問ってすごく多いんですよ。そして実は聞かれて一番困る質問で……。だって何をメリット・デメリットと捉えるかってその人の価値観じゃないですか。この問いに向き合うこと自体が、自分の価値観を相対化していくプロセスなんですよね。塾に入ることは既に決めていらっしゃるけど、そこに不安があるのは当然のことです。**こういう選択をしたけど、これって子どもに合ってるのかしらって不安になりながら、子どもの様子をよく観察して、少しずつ調整をしていくことの連続が子育てだから。**中学受験に限らず、自分は正しい選択をしたって思っちゃうと、その正しさに子どもをあてはめちゃうので。逆に聞きますけど、お母さんが

感じる、

★28 中学受験のメリットはどういうことだと感じますか？

T 受験を経てきた子たちは学力が一定なので、そういうスタートラインっていうか、ちょっと上の勉強を、大学に向けての勉強をしていってくれるのかなって。あとは息子はこだわりも強いタイプなので、偏食がすごくて、給食よりお弁当のほうがいいなとも感じています。さらに身体的に少しハンデがあったりするので、いじめのことも不安で、私立のほうがいいのかなと。

おおた なるほど。逆にデメリットはどのあたりに感じますか？

T たとえば、小学校まではクラスでも上位にいたのがそうではなくなることによって気持ちが落ちてしまうとか。あとは通学ですね。いいところを目指せば目指すほど遠いんですね。電車を使って1時間とかかかるので、体に負担じゃないかなとか思ったり。

おおた 私立だからって全部が楽園というわけじゃないし、経済的なこととか学力的なことで言えば均一性は高いんだけど、いろんな地域からいろんな文化の中で育った子どもたちがお互いに「お前も受験勉強、頑張ったんだよな」っていうリスペクトを持って集まってくるから、個性が認められやすいっていうのは、私立のほうが総じてあるでしょうね。でも、今聞いていてちょっとひっかかったのは、大学受験に有利なんじゃないかっていうところです。大学受験のために選択したとなると、合格していい中学に入って、今度は6年後にいいわゆるいい大学に入らなかったら、中学受験した意味がなくなっちゃうじゃないですか。すごく中学受験の意味を矮小《わいしょう》化しちゃってると思います。ちょっと余計なお世話になると思うけど、僕の中学受験観をお話ししていいですか？

T はい、お願いします。

おおた 中学受験には結果が出ます。第一志望に受かる子もいますけど、多くは第二志望以下になる。そこで第一志望じゃなければ負けなのか、失敗なのかって言ったら、そうじゃないと思うんですよね。**自分が当初目指していた第一志望に受かれば、努力が報われたっていう成功体験になります。でも、そういう成功体験って、人生ではなかなか続かないですよ。むしろそこでへこたれないことのほうが人生にとっては実は大切で。だから第二志望以下に行った子は12歳でそれを学ぶことになるんです。**もともと第一志望ではなかったけれどご縁があって行くんだから、この環境を思う存分謳歌してやるんだっていう気持ちになれれば、それはその子にとっての「正解」になるんです。それって「正解」を事後的に自分で作ったということです。正解がない世の中で自分で正解を作り出す力って要するにそういうことですよね。そういう生き方ができる人って、どこに行ってもやっていけるはずなんです。第一志望合格はもちろん嬉しいし、そうでなくても大きな人生訓が得られる。

T そうか！

おおた　さらに、中学受験をした結果として、高校受験がなくなりますよね。実は高校受験がこんなに盛んなのは、先進国では日本と中国くらいなんです。14歳、15歳というのは一番大人に反抗して、机上の勉強じゃなくていろんな経験や失敗をすべき時期ですから。そこに付随して、中学生のうちは目先の1点、2点を気にせずに、たとえば理科や社会でも暗記より実験やディスカッションに力を入れることができる。中学生のうちにそういう学習をしておくからこそ、大学受験勉強をしようと思った時に、すっと頭に入ってくる。以上が「中高一貫校」のメリットと言えると思います。一方で、「私立」の学校っていうのは、それぞれの教育理念を持っているわけなんですね。慶應だったら福沢諭吉の思想を受け継ぐわけじゃないですか。大学受験勉強とか関係なく、その人の生き方に影響を与える感化力みたいなものがある。文字で伝えられるものであればオンラインだって教育できるけど、言葉では伝えられないものを全身に染み渡らせる効果が学校の学び舎にはある。その言葉にならないものこそが、私学の色なんですよね。開成には開成の、桜蔭には桜蔭の、武蔵には武蔵の色がある。水が合うとかって表現がありますけれど、その子がイキイキとする水を見つけることができたらより豊かな思春期を過ごせる。大学受験に有利だからとかじゃなくて、自分らしい生き方とか価値観を見つける場所として、私学を捉えてほしいなと思います。大学受験につながるような教科教育の部分は、私立だろうが公立だろうが大して変わらないですよ。大学受験だけ考えるなら、塾に行くのが一番効率はいいですよ。でも**学校っていうのは、言葉では伝えきれない文化を吸収しに行く場所だと思うんですね。**ちなみに地方であれば、その地域の良い文化はたいてい公立の伝統校に流れているから、絶対的に中学受験が正しいっていうわけじゃない。

T もともとは息子に合った教育をさせたいなと思っていたのに、いつのまにか私の頭の中も「大学受験！」ってなっていたことに気づかされました。息子は個性が強いので、そういった意味での過ごしやすい環境を求めていたのを思い出しました。

おおた まさに今、お母さんが言われたことが中学受験の本当のデメリットというか落とし穴で、★29**中学受験の世界に一歩足を踏み入れると、親の視野が狭くなっちゃって、大切なことを忘れちゃったりするんですね。**

T 忘れてましたね（笑）。

おおた まだ、始まってもいないのに（笑）。そこが怖いんです。いわゆる偏差値競争にとらわれちゃうと、子ども中心の考えができなくなります。逆に、親がそこからちゃんと距離を取れたら、中学受験のデメリットってないと思う。僕は偏差値競争をチキンレースにたとえたりします。子どもが壊れるギリギリまで勉強させて偏差値を上げるみたいな意味で。それって一歩間違えたら子どもが壊れるんですよ。そんな賭けをしちゃいけない。まだ余裕があるところまでやって偏差値58、あと2つで60なのにって無理させるんじゃなくて、58なら58でいいじゃないって思えるなら、中学受験のデメリットは最小限になるはずなんですよね。そこで質問なんですけど、最初に精神面が心配だって言ってたじゃないですか。それって具体的にはどういうことなのかなって。

T クラスが落ちたとか、友達に負けたとか、いい学校に入ったがためにクラスの上位ではいられなくなったりとか……。そこで「なにくそ！」ってなれる子なのかがまだわからなくて。心的負担が大きいんじゃないかなって。

おおた なるほど。たとえば偏差値が落ちたら、まぁ落ち込みますよね、普通（笑）。けど、それが悪いことかっていうことですよね。そこで「なにくそ！」って思う子もいるだろうし、「まぁ、いっか」って思う子もいるだろうし、どっちも素敵だと思うんです。**「まぁ、いっか」って姿勢も、「なにくそ！」って姿勢も、人生ではどっちも必要ですからね。**小学校では一番だったのに塾で真ん中くらいになって傷つくかどうかは、それで親がどういうリアクションをするかだと思うんです。「なんで真ん中なの！」って怒られたら、傷つきますよね。逆に偏差値的な価値観だけじゃないと気づかせてあげることができれば、その子の人生を豊かにすることになります。必ず偏差値が下がることはあるし、勉強が嫌になることもある。必ず、ですよ。そういう**ネガティブなことが起きた時にどうやったらその状況を子どもの内面の成長**

の肥やしにできるかを考えるのが親の腕の見せ所。いかに偏差値を上げるかよりは、そっちのほうが親の役割としては大きいと思います。

T すごく目から鱗です。本人が努力するからこそ感じる辛さとか苦しさも子どもの成長に変えていこうとすることで、親も成長するんだろうなって。

おおた おっしゃる通りです。子どもが苦しんでる時って親も辛いんだけど、どうやったら成績を伸ばしてその苦しさから解放させてあげるかではなくて、どうやったらこの状況そのものを糧にできるだろうかと考えることを優先にしてほしいと思います。別に難しいことじゃなくて、成績が下がって泣いてる時に、★30**ケーキを買ってきて一緒に食べるだけでいいんですよ。**言葉にはできなくても、それでちゃんと気持ちは伝わるから。

T いろいろ気づかされました。子どもの様子を見ながら一緒に頑張りたいと思います。

★ストレッチポイント28

中学受験のメリットって何だと思いますか？

この問いに対する答えは、実は自分の中にしかありません。何がメリットかを決めるのは自分であって、自分が持っている人生観と向き合うことに他ならないんです。自分の人生観を掘り下げることは、我が子がどんな人間になって、どう生きてほしいかという問いに向き合うことにもなります。そして、そこで見つけた答えは、中学受験におけるあらゆる決断と整合性がなければいけません。たとえば、主体性を持ってほしいと思っているなら、親があれこれ管理するのは正しくないよね、ということ。志望校選びや習い事との両立、子どもにどこまで負荷をかけるかなどいろんな選択における足場になるので、ぜひ一度、この問いについて考えてみてください。

★ストレッチポイント29

夢中になって視野が狭くなっていませんか？

中学受験をしていると、どうしてもその土俵の上でしか物事を考えられなくなり、視野が狭くなってしまいます。目の前の目標を達成するために、平気で本末転倒なことを繰り返してしまうのが中学受験の闇です。常に意識してほしいのは、我が子にどう育ち、どう生きていってほしいかという視点。そこさえブレなければ、自ずと選ぶべき道が見えてくるはずです。難しい決断に際した時ほど、中学受験の土俵だけで考えないこと。子育て観や人生観に照らしても正しい選択をしているか、自問してみてください。

★ストレッチポイント30

常に言葉に頼ろうとしていませんか？

子どもをねぎらいたい、励ましたいと思った時、実は言葉がいらないケースって多いんですよね。ノンバーバル（非言語）コミュニケーションのほうがよほど大切なことを伝えてくれることがあります。なんて声かけしようと悩むよりも、スキンシップやまなざしのほうが気持ちが伝わることもありますよ。

Case 11

空手と受験、両立しながらどこまでやらせていいものか

Oさんの場合

【家族構成】 夫、長男（日本の小4）、長女（2歳）

【今回相談する子どもの状況】

都内インターナショナルスクールに通学中。小3から個別指導塾で算数と国語、帰国子女向け塾で英語対策。他、空手とゴルフ。帰国生入試で中学受験を検討中です。限られた受験方法のため、情報が少なく、不安が多いです。また、宿題に追われると、チックが出ることがあります。やらないといけないという自覚はあるようですが、正直辛そうです。「もうやめる？」と聞くと「やめない！」と言う姿を見て、受験をやめて自由にさせてあげたい気持ちと、男の子は頑張らせるほうが本人のためという気持ちの間で葛藤があります。

O 私たち両親は日本人で、海外に住んでいたわけでもないのですが、息子は小学校から

インターナショナルスクールに通わせました。もともとはそのままインターでいこうと思っていたんですけど、日本の学校が英語教育に力を入れてきたこともあって、中学受験をすることにしました。でも周りにそういう選択をする人がいないので、情報量はすごく少なくて困っています。英語受験だったり、帰国生入試にインターの子も参入させてくれる学校は増えてきたらしいんですけど、塾の先生たちもあまり詳しくないようで。そういうちょっと特殊な環境の中で受験に向かっていく不安と、情報の集め方とか、親がブレないようにするためのアドバイスが欲しいなと思っています。

おおた 中学受験に目が向いたのはいつですか？

O 去年ですね。日本の学校でいうと3年生になった時、始めるなら今かなというのと、ちょうどコロナが始まって自宅学習する時間がすごく増えたので、学校も塾もオンラインという中で、手を出しやすかったというのもあって。

おおた もともとはなぜインターナショナルスクールに？

O 将来に向けて英語が喋れるのはベースだと思っていて、息子が言語として不自由なく使える状態にしたかった。今は日本の学校でもインターナショナルクラスもできてきたり、英語ができる子を評価してくれる学校が増えていると思ったのが中学受験を考えたきっかけです。インターに入れたことに後悔とかはないんですけど、息子の力を生かせればっていう。

おおた　まず、海外在住経験のない人がインターで学んだ時に、それを帰国生として扱ってくれる学校がどれくらいあるかって正直、僕わからないんですよ。わからないけど、少ない気はします。海外在住経験に重きを置いているケースが多いので。なぜかというと、帰国生枠を設けるのは、英語力というよりは異文化にいたこと、ダイバーシティを学校の中に取り入れたいということだから。中学受験の学校案内を見ると帰国枠があるかはわかるので、そこから一校ずつ調べていくしかないかもしれないですね。

○　塾では交渉力も必要だと言われていて。おおっぴらには書けないけど、実は受け入れてくれているところもあるので、「お母さん、頑張りましょう」みたいな。

おおた　確かに判断基準が曖昧な部分はあるんだと思いますけれど、それは学校の事情でしかないので、率直に自分たちの状況を伝えればいいのでは？　それで仮に断られてもお母さんのせいじゃないですよ。もう一つの選択肢として、英語入試もありますよね。普通に日本で育った子を対象に、英語が得意なら、入試科目として英語も選択できるようにしますよという学校が増えてきています。首都圏に私立中学がだいたい300校くらいある中で、120から130校くらいは何らかの形で英語入試をしているんですね。そこでは相当有利になるはずですよね。

○　そういった形は、これからも増えていくということはありますか？

おおた この3、4年で急に増えたんですよ。でも、実はもう頭打ちになってる。すごくにべもないことを言ってしまえば、今までの4教科入試でいい生徒を集められて安定していた学校は新しいことをやる必要はないんです。逆に、生徒集めに苦労していて何か話題が欲しいとか、普通に4教科でやったらできる子は上の学校に取られていっちゃうけど、大学入試では英語ができることはすごく有利だから、そういう子を積極的に迎え入れたいって考えた学校がやる場合が多いんです。その理屈で言うと、人気校ではあまり多くないはずです。

○ 慶應湘南藤沢キャンパス（SFC）が英語入試をやってくれているのはインターの親にとってはすごく明るいニュースで、ぜひ早稲田にもって思うんですけどね。

おおた SFCの英語入試開始はインパクトありましたね。一般的な英語入試に比べてSFCはだいぶレベルが高いけど、お子さんの場合は大丈夫だろうから、そこを狙うのはありですよね。

○ 皆さん同じところを狙うから大変なんですけどね。

おおた そこでお母さんが何が何でもSFCってなると、中学受験としてはすごく辛い。本来の中学受験って、あそこもいいしここもいいっていうくらいの大らかさの中でやらないと、キツくてしょうがないですよ。だからこそ、他に選択肢はないですか？っていう質問だったと思うんですけど。あとはSFCと同じ上位校レベルで考えるなら、帰国生枠のほうが多いと思います。それでいくつかの選択肢が得られると、だいぶ気持ち的には楽になるんじゃないかな。一方でもう一つ同時にやってほしいのが、普通に英語入試をやっている学校の中で、ここって割といいじゃんって思える学校を見つけてほしいんです。ＳＦＣよりも偏差値的には下がってしまっても、その中にも必ずいい学校はあるから。学校ってこんなにいろいろあるんだっていう安心感の中で中学受験に取り組んでほしいなって思います。

○ 塾に行くと、先生がすすめてくる学校がどうもハイレベルな学校が多くて。せっかくインターをやめてまで行くんだったらって理由で。

おおた その気持ちもわかりますよ。でも、それってすごく学歴主義的な損得感情っていうか。塾の先生の真意がどこにあるかわからないけど、僕としてはピンとこないな。仮にインターをやめて、日本の学校に入ることになって、仮にそれが偏差値50や40の学校だったとしても、それでいいんじゃないのって僕は思います。インターの経験は決して無駄にならなくて、必ず息子さんの個性になっていくし。その点は、親が、あなたらしく歩んでいけばいいよ、それはあなたの人生だよっていう視点でいれば絶対に大丈夫だから。取材していてよくあるんですよ。「東大に入りました」「なんで東大に行ったの？」「選択肢を広げるためです。親や先生に言われました」と。その分、入れる会社や就ける仕事の種類の選択肢が増えたかもしれないけど、頑張ってせっかく東大に行ったんだからって、**増えた選択肢の中からしか**

人生を選べなくなっちゃうんです。東大まで行ったからこんな仕事は選べないとか言って。インターナショナルスクールっていう一般的な人がなかなかできない選択をできたわけじゃないですか。それはある意味ではアドバンテージにはなってるけど、そこでさっきの塾の先生の理屈を採用してしまうと、★31**逆に選択肢を狭くしてしまう危険性があるので気をつけてください。**

O 息子が最近、俳優になりたいって言い出して。私と夫で「インターの高い学費を払ってるんだから、ハリウッド俳優になるならいいよ」って言っちゃってました。でも、そう言われてみると、そうですよね。ちょっと楽になりました。

おおた つい言いたくなる気持ちはわかるけどね、ときどき今の話を思い出してください。

O スポーツとの両立についても聞きたいです。ずっと空手を続けてきて、ほぼ毎日練習して、全国レベルで結果も出してきました。息子が空手は続けたいっていうので、毎日はやれないけど週何回かで続けることにしました。受験もスポーツも両方やってどっちも中途半端にならないかなっていう不安もありますし、十分な練習ができないことで最近勝てなくなってきて、そのプレッシャーから一時期チックが出てしまったこともあり、今後が心配です。

おおた まず最近の傾向として、ギリギリまで習い事との両立する子は増えています。必ずしも勉強時間や犠牲にしたものに結果が正比例するわけではありません。サピックスの宿題がチャチャッと終わっちゃう子も世の中にはいるんです。そういう子からしたら、週末にスポーツをやるのはむしろいい気分転換になる。両方惰性だけでやっているとよくないとは思いますけどね。練習量が減った分、空手では今まで通りの結果が出なくなってしまうかもしれないけど、これって人生においてはどこかでくることじゃないですか。今までは人よりも良い成果を出すことによって、プライドとか、抽象的な意味での〝報酬〟を得ていたと思うけど、じゃあ立場を翻して、息子さんに負けた選手がたくさんいるわけですよね。彼らは空手をやってた意味がなかったのか、プライドがなかったのかって言ったら、そんなことはないはず。特に空手という武道だから言いやすいけど、**勝ち負けって本質じゃないですよね。**

O ああ、そういうふうに考えればいいんですね。すごく楽になります。最初は海外に出た時に黒帯を持ってたらカッコいいくらいの気持ちで始めたのに、結果が出ていたものだから、いつのまにか「勝たなきゃダメ」って息子を追いつめていた自分に今気づきました。

おおた ★32**負けたらなくなるプライドって何なの？　本当の人間の強さって何なんだろう？**っていう深い話になるんだけど。受験においても同じです。視野が狭くなりそうな時は意識して広げて、勝ち負けなんかに関係なく、人生は豊かにできるんだっていうことを確認しないと。それを繰り返していけば、お母さんなら大丈夫だと思います。

O ありがとうございます。本当に楽になりますね。

おおた　どうしたら子どもがイキイキと勉強を続けられるのか、手探りをしながらやっていくしかありません。

O　よくわかりました。今お話ししていて、もう一つ聞こうと思っていたことの道筋が見えた気がします。自分から宿題をやろうとしない息子に対して何かいい方法ありますかって聞こうと思ってたけど、私が自分の価値観の中に彼を押し込めたいだけだったんだなって気づきました。夫からもいつも「押し付けるなよ」とか「いいところを見てあげなよ」って言われてきているんですけど、どうも夫の言うことが聞けなくて。息子とも毎日口論になるんですけど、「ママに何を言っても、どうせ僕はやらされる」っていつも言われてて。でも、本人もすごく真面目に考えているんだと思います。「インターに行ってるのにどうして急に日本の学校に移らなきゃいけないんだろうって思ったけど、ママと学校を見たりしていると僕は日本人だし日本の学校もいいなって思った」って言うんです。頑張って勉強しなきゃいけないのもわかっていて。

おおた　ほんとですよ、すごく頼もしい子ですよ。

O　空手にしても受験にしても、チャレンジさせるのがいいのか、もういいよって言ってあげるのがいいのか、先が見えないのが不安で。「答え」が欲しかったんですけど、確かに子どもってそれぞれだし、子どもを見るしかないんだなって。

おおた　**子育てって「答え」じゃなくて、「問い」を持ち続けなきゃいけないの。**それって不安だけど、親の宿命だと思う。息子さんともコミュニケーション取れているし、立派に育っていると思います。空手では負け知らずだったのに、「お母さんには勝てない」っていうのも面白いですね。

〇　道場や塾にいるほうが幸せだって言ってます（笑）。

おおた　それ、本当に抑圧されてたら言えないから。今日、お母さんが思ったことがあるなら、息子さんに「あなたのためを思っていたけど、お母さんの中にある正解を押し付けすぎてたかもしれない」って、サラッと伝えてもいいかもしれない。そしたら息子さんも嬉しいんじゃないかな。

〇　なるほど。

おおた　結局ご相談いただいたことは★33**具体的には何ひとつ解決していない**と思うけど、今日が何かのきっかけになるといいですね。

〇　明るい気持ちになれました。そうすると物事の見方がきっと変わるし。性格的に明日か明後日には息子を怒鳴っていると思うんですけど、今まで見えなかった視点を教えてもらえたので、すごく良かったなって。良い報告ができるように頑張ります。

おおた　何でも良い報告ですから。元気でさえいれば。

必笑メンタルエクササイズ

★ストレッチポイント31
いつのまにか選択肢を狭めていませんか？

中学受験をする理由として、「子どもの選択肢を増やしたい」という意見があります。そういう面もあるのかもしれませんが、一方で選択肢を狭めてしまう危険性もあります。それは、努力によって増えた選択肢の中から選ばないと意味がないと考えてしまうこと。開成に入ったから東大じゃないとダメ、高学歴なのにこの職業は選べないなど、実は生き方の選択肢を減らしているんですよね。これは努力を重ねてきた人こそ陥りやすい罠。選択肢を増やそうとするのは悪いことではありませんが、もともとあった選択肢の価値を認めることも忘れないでください。

★ストレッチポイント32
自己肯定感とプライドの違いを知っていますか？

自己肯定感という言葉が氾濫する中で、「成功体験をたくさん積ませて、子どもの自己肯定感を高めてあげたい」という親が多い気がします。間違えてほしくないのは、成功体験を積んで育つのはただのプライド。そうやって積み上げたプライドは、一度負けたらあっという間に崩れ去ってしまいます。自己肯定感とは、たとえ成功しなくても、自分は自分なんだと認められる力のこと。ありのままの自分でいいんだという安心感のこと。それが人間の本当の強さではないでしょうか。自己肯定感を育てるために必要なのは「どんな状態でも、あなたはあなた」とありのままの自分を認めてくれる人の存在。あなたは、我が子にとってそういう存在でいられているでしょうか。

★ストレッチポイント33

その悩みって悩みのままじゃダメですか？

中学受験には制限時間があるので、すぐに正解が欲しい気持ちもわかります。ただ、人生においては、時間をかけてその時がやってくるのを待つしかないこともあります。目の前の課題を一つ一つ解決して前に進む生き方もカッコいいですけれど、問いを問いとして抱えたまま、それでも前に進み続けようとする生き方も素敵ですよね。人生のテーマって、そういう問いからしか得られないんだと思います。だとすれば、問いは人生の宝物です。悩みや傷は問いをもたらすきっかけです。

Case12

主体性を持ってほしくて、Excelで管理してます

Wさんの場合

【家族構成】夫、長男（小4）、長女（5歳）

【今回相談する子どもの状況】

小3からサピックスに通塾中。他、サッカー、そろばん、英語。マイペースな性格の息子。勉強は嫌いではないですが、計算ミス、覚えない、わからないとすぐ諦める、問題をきちんと読まない……といった感じで、塾のクラスがどんどん下がっています。それでもまったく気にしません。私は中学受験経験者で、受験はそんなに甘くないと思っています。途中で諦めさせたくはない、でも、息子を毎日怒ってしまうのが辛くて、反省する日々です。

W　新小4年の最初のテストで成績が下がって焦りました。でも、今回のコロナ休校で勉強時間が取れたので、この間のテストでは少し成績が上がって、本人の自信もだいぶついて

きたところではあるのですが……。一番の悩みは、マイペースな子どもにどうやって受験勉強っていう長いスパンでの目標設定をしていくかということです。メモしていいですか？受験ノートを作っていて。

おおた すごいですね、そのノート、見たいです。

W 毎日やるべきことを書いていたんですけど、もっと見える化しようと思って、こっちが新しく用意したもので、何をどれだけやったかをノートにつけて、反復練習を何回やったかとか全部書いて。

おおた 噂には聞いていたけど、実際にやってる人には初めて会いました。

W でもこれも使い勝手が悪くなって、今はＥｘｃｅｌで何ページから何ページまでやるって管理して、それが今は一番いい状態ですね。何をどうできてないかとか、どの理解度が少ないかとか、毎日記録しています。

おおた 学校がない間は、どれくらい勉強していたんですか？

W 朝は１時間。これは学校がある時ももともとやっていて。今回の休校期間中には、午前中２時間くらいと午後３時間くらいで、夕食後に１〜２時間くらいかな。

おおた すごいですね。トータル７〜８時間はやってるということですよね。

W でも、これを本人が納得してこなさせなきゃいけないのが、すごく大変で。

おおた まずお母さんはしっかり目標を決めたいんですよね。それから、ただこなすだけじゃダメで、本人が納得しなきゃいけないとお考えなのですね。

W 何事もまず目標設定をして、いろんなことを達成してきているので。たとえば、小学校1年生の時に硬筆でクラスの代表に選ばれて、2年生でも選ばれたいと言うので、もっときちんと一文字一文字確認しながら練習するっていうのを何時間もやらせました。本人が「もうできない」って言っても、「もっと頑張るんだ」「あなたの目標は何だったの？」ってやらせて。そしたら東京都の賞に出してもらって。そういった目標を掲げて、練習してっていうのが今までのパターンでした。私自身がそういうやり方しか知らないんだと思うんです。

おおた お母さんが、そういうやり方しか知らないとおっしゃっているけど、お母さんも中学受験したんですよね？

W はい。ただ、私はスポーツをやっていたので、受験勉強を始めるのがすごく遅かったんです。で、途中で投げ出した経験があって。一度投げ出して、でもやっぱり6年生になって受験したいって言い出して受験した経緯があるので、子どもが受験をやめるって言ったことをどうしても受け入れたくないんですよ。

おおた お子さんが受験をやめると言った？

W どんどん成績が下がる一方なのに本人はマイペースなので、それならこのままやめたほうがいいんじゃないかって私から言ったら、「ママがそう言うならやめるよ」って言われたんです。「★34**ママは絶対やめてほしくないけど、本当に別のことをしたいならやめるっていうのも一つの選択肢だし、本当の気持ちを聞かせてほしい**」と言ったら、「やる」って。性格が本当にマイペースなので、「自分がこれをやるんだ！」っていうのがあまり伝わってこないんですよね。習い事もこれだけこなせるっていうことは、本人がボーッとしてるんですよ。きちんとしてる子だったら、こなせないと思う。

おおた　2つ質問していいですか。まず、お子さんにとっての究極の目標は何ですか？　要するに、今いろんな目標を目の前に設定してクリアしているけど、それはどこに行き着くためなのか。

W　うーん……そこまでは考えてないですね。

おおた　もう1つの質問は、お母さん自身の目標は何かってことです。

W　……それもないかもしれないですね。目の前の今やるべきことの目標しか立ててないですね。

おおた　その、★35**やるべきことっていうのは、本当にやるべきことなのかしら？**

W　そうですね……確かに……難しいですね……単に本人の特技を伸ばそうってしか考えてなくて。

おおた　うん。人生の目標設定ってなかなかできないじゃないですか。そもそも中学受験が人生の一部だとするのなら、スポーツやビジネスのようにわかりやすい結果が出ておしまいみたいな単純なものじゃないのかもしれないですね。

W　そうなった時に、本人に納得させて勉強させる方法とか、こうしたいって気づかせる方法ってあるんですかね？

おおた　お母さんの話を端的にまとめると、子どもに主体性を持ってほしいっていう話なんですけど、成績を盛り返すためにやらなきゃいけないっていうのは、本当の主体性なんでしょうか。お母さんの現状認識と子どもに求めているものが、ズレちゃってるのかなって思ったんですね。

W　Ｅｘｃｅｌで管理しているくらいなので、危機感を煽っているかもしれないですね。

おおた　主体性を持ってほしいと言いながら、実は子どもを追い込む構図になっているとしたら、お母さんが望んでいる息子さんの姿と、実際に誘導している方向性がズレているのかもしれない。そもそも中学受験をする目的は何ですか？

W　別に合格させたいとか、良い学校に入れたいとかじゃなくて、この時期に勉強するのがいいことだと思っていたので。でもやっぱり結果を求めちゃってますよね、私が。

おおた　そういうことでしょうね。子どもとしてはこんなに勉強して、これだけ点数が取れているのに、やればやるほど「じゃあ、次はこれが目標ね」って言われて、「えっ？」っていう。頑張れば頑張るほどゴールが遠のいていくマラソンみたい。あくまでもこれは僕の中学受験観だけど、**中学受験っていうのは、子どもにとっても親にとっても人生を学ぶ絶好の機会だと思うんですよね。スポーツやビジネスと違って、人生は勝ち負けとか損得勘定とかコスパじゃない。中学受験に最適化している人間って、きっとろくでもないですよ。親子が成長すればいいんだっていう原点を忘れてしまって、少しでも良い偏差値を取るっていうことが目的になって、大事なことを見失いがちになってしまうのは子育ての観点からすれば本末転倒。**今までお子さんは、お母さんの設定してくれたゲームを達成することに喜びを感じていたけど、これから思春期になって自分自身の人生を歩み始めるとそうはいかなくなるから、もしかしたら中学受験を機に今までのやり方を卒業するチャンスなのかなって。

W 中学受験は勉強することが目的でって本人に言っても大丈夫なんですよね？ 人生の一部に過ぎないんだよって。

おおた 僕はそれでいいと思う。

W 「合格するぞ！」っていう子しか、成績が上がらないのかなあって思って。

おおた 勉強すること自体が大事なんだよっていう価値観を伝えることによって、伸びるものも伸びないって心配されているのかもしれないし、実際そうなるのかもしれないけど、それは悪いことだと思わないので。本質を隠して焚きつけるために「ここしかないの！」って追い込めば、もしかしたらそれでブレイクスルーする子もいるかもしれないけど、それで潰れる子のほうが多いと思うし。**15歳や18歳での受験なら、外から発破をかけられてもはね返すことができますけど、12歳でそれはできなくて本当に自分が否定されたと思っちゃうからリスクが大きい。それが中学受験の怖いところ。**とはいえ、お母さんは、普通の人がやろうと思ってもなかなかできないこれ（Ｅｘｃｅｌ）ができるんだから、これはこれで続けて、本人が「これはちょっと使えるぞ」と思うなら使ってもらえればいいというくらいにすればいいんじゃないですか？

W けど、このスケジュール、パツパツですよね。

おおた そうね、ちょっとパツパツかな。さっきお母さんが、ボーッとしてるからできるんですよって言ってたけど、確かにちょっと意識を飛ばさないとできない量かもしれない。それをお母さんがわかっているなら、勇気がいることかもしれないけど、ちょっと間引いてあげて、子どもの目の輝きとか体の躍動感とか、心が落ち着いているかとか見てあげて、調整してあげればいいんですよ。間引いてあげることでイキイキした表情になるかもしれない。でも、子どもってイキイキしている時に成績が上がるわけじゃないので、「じゃあ、どっちをとる？」ってなっちゃうかもしれないけど、長い目で見たらイキイキしているほうをとったほうがいい。**テストの点数は無理やり机に縛り付ければ上がるかもしれないけど、それって一生続けられないから。でも、目の輝く方向に進むのは一生続けられるから。**とはいえ、そこそこの偏差値を取ってほしいとか、そこそこの学校に行ってほしいっていう願望を持っているということですよね。その点については、ここから3年間あるので、その中でお母さんも鍛えられて、「足し算」じゃなくて「引き算」で子育てできるようになるから。**おかしいなと思ったら、足すんじゃなくて引くの。**それができればすごくうまくいくと思います。それにお子さんが持っているマイペースという特性は本来すごくいいことだから。**マイペースでとぼとぼ歩くのが結局は一番遠くまで行ける。**お母さんの場合、インターバル走のように、「はい、あそこまで！　次、あそこまで！」っていう感じだから（笑）。

W　そうですね。

おおた　確かに中学受験って期限が決まっているから、マイペースというのは、その期日までに偏差値的に高い学校に入ることを中学受験の目標にするのならもしかしたら向いていないかもしれないけど、**最後までマイペースでやりきって、入れる学校に入って、そこで自分の頑張りに誇りを持てるなら、中学受験としては大成功だと思う。**おそらく彼には彼のやり方があるし、それを一緒に見つけてあげる3年間にできれば、お母さんも「あ、こういうやり方もあるんだ」って感動すると思う。そしたら、思春期以降の息子さんの生き方がすごくカッコよく見えて「私にはこれはできないわ」ってなると思いますよ。★36**それって、すごく楽しみじゃないですか。**

必笑メンタルエクササイズ

★ストレッチポイント34

本心と矛盾したことを言っていませんか？

「やりたくないならやめなさい！」。中学受験親が言いがちなセリフで5本の指に入るのではないでしょうか。本心ではやめてもいいなんて思っていないのに、子どもにこう問い詰めることで言質を取って、「あなたがやるって言ったんでしょ」と叱るための正当性を得ようとしているわけです。表向き言っていることと本心が矛盾している、いわゆるダブルバインドメッセージというやつで、相手を板挟みにして苦しめる卑怯なコミュニケーションだということは覚えておいてください。混乱している時にダブルバインドメッセージが湧き出します。そんな時は、ひとまず美味しいものでも食べてゆっくり寝てから自分の本心と向き合ってみましょう。そしてそれをどう伝えたら子どもへの励ましになるかを落ち着いて考えてみましょう。

★ストレッチポイント35

べき論にとらわれていませんか？

非理性的信念＝思い込みが苦しみの原因だと、本書ですでに何度かお話ししてきました。べき論も思い込みであることがほとんどです。べき論から解放されるには、いい意味で他人と比べること。本当にみんなもやっているのかと客観視してみてください。実はそんなことなかったりしますよね。視野が狭くなっている時にやるべきだと思っていることが、子どもの人生全体を考えた時に本当に今必要かどうか、ときどき疑ってみるといいでしょう。

★ストレッチポイント36

想定外のプレゼントって、楽しみじゃないですか？

子育てをしていると、いつのまにか我が子の理想像のようなものを持ってしまいますよね。でも、自分の想定の範囲内に子どもの人生がおさまってしまうのって、実はちょっとつまらなくないですか？　想定外のことをしてくれるほうが楽しみじゃないでしょうか？　これから先、子どもは自分の人生をかけて、人生最大のサプライズプレゼントを用意してくれます。中身を知っているプレゼントも嬉しいかもしれないけれど、何をプレゼントしてくれるかわからないほうがワクワクしますよね。「お母さんが欲しがっていたものではないかもしれないけど、僕の人生でこんな素敵なものを見つけたんだ」とプレゼントしてくれたら、それって最高じゃないですか？

第6章

内なる魔物をてなずける

どんな親の心にも魔物が潜んでいる

最後のエクササイズとして、皆さんにこんな問いかけをしたいと思います。「第一志望の入試本番前夜に、翌日の入試問題を見せてもらえるとしたら、どうしますか?」。

今、迷わず「見ます!」と答えた人は、もう一度、本書をはじめから読み返していただいたほうがいいかもしれません(笑)。

だって、ズルをして入学しても後で困るのは子ども本人です。あるいは、せっかく合格する実力があるのにズルをしてしまったら、努力の結果合格を勝ち取ったという成功体験が台無しです。いずれにしても大切なところでズルをしてしまったという負い目を一生抱え続けることになります。

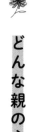

入試問題を見ると答えてしまった親の心の中には「魔物」が棲《す》んでいると言えます。中学受験における「偏差値」や「合格可能性」や「過去問の出来」には、映画『ロード・オブ・ザ・リング』の「指輪」のような「魔力」があります。それが親の心に潜んでいた「魔物」を呼び起こします。

親は「指輪」を渇望し、一度手に入れると無敵モードになり、失いそうになるとなりふり構わず取り返そうとする。中学受験にコミットすると、誰でも一度はそうなるのです。塾の先生でも、我が子のこととなると、魔物に取り憑かれると言います。知識やテクニックのありなしではないのです。

『ロード・オブ・ザ・リング』の主人公フロドは、数々の苦難の末に指輪の魔力に打ち勝ち、勇者として村に帰還します。しかし、ゴラムという登場人物は、指輪への執着を捨てきれなかったために一生を台無しにしてしまいます。

同様に、自らの内なる魔物に打ち勝てるかどうかが、中学受験の親にとっての試練ということになります。簡単に勝てる相手ではありませんから、苦しみを伴って当たり前です。自分が魔物に取り憑かれていることにできるだけ早く気づいて対処できるかどうかが、受験の後味を大きく変えます。

魔物に取り憑かれるリスクがあるのなら、中学受験なんてしなければいいではないかと思うかもしれません。でもそうすると、親はいつまでも自分の中に潜む魔物のてなずけ方を学べません。愛情深く責任感が強い親の魔物ほど、いつか必ず暴れます。どのみちいつかは対峙しなければならないのです。

ここで誤解してほしくないのは、魔物が暴れだしそうになること自体は、悪いことではないということです。

誰だって、いわゆる「コンフォートゾーン（安心していられる状況）」を飛び出すとストレスや不安を感じますが、その課題に対処することでコンフォートゾーンが広がります。その過程で人間的成長がもたらされます。中学受験はまさに家族でコンフォートゾーンを飛び出すイベントですよね。だから私は中学受験を映画『ロード・オブ・ザ・リング』のような、親子の大冒険にたとえるのです。

というわけで、親が対峙すべきは、ふがいないわが子ではなくて、自らの中の内なる魔物です。魔物というといかにも手強そうな感じがしますから、「妖怪ガミガミ」などとかわいい名前をつけちゃうのもおすすめです。

魔物を鎮めるために自分を赦す

では、魔物の正体とは一体、何か。

親自身の人生の中でつくられていまだ癒えない古傷だと見立てることが可能です。いつもは心の奥底に潜んでいる、コンプレックス、恐怖、悲しみ、トラウマ……みたいなものです。たとえば、自分が学生だった頃にテスト前に遊んでしまって望み通りの結果を得られなかったとか、第一志望の学校に入れなかったことを親からなじられたとか、そういった苦い経験が根本にあって、目の前の子どもが自分と似たことをすると、古傷がうずくわけです。

このような時、本来手当てが必要なのは親自身の古傷なのですが、実際には「この傷が痛むのは、子どもが頑張ってくれないからだ」と、子ども側に責任を押し付けてしまう親が多い。それゆえ、どうにかして子どもを変えようと躍起になってしまう。いじくり回される子どもの痛みよりも自分の古傷の痛みに意識が向いてしまっている状態とも言えます。

でも、理不尽に子どもをいじくり回しても子どもが成長するわけではありません。いくら働きかけても子どもが思い通りにならない限り失望は増し、古傷も痛みを増しますから、魔物もますます暴れる。子どもを潰してしまう負の連鎖の構造です。

魔物を鎮めるには、魔物の痛み、苦しみ、悲しみ、妬《ねた》み、嫉《そね》み……に耳を傾けることです。そうか、自分はあの時、こんなに傷ついていたのか、こんなに悲しかったのか、こんな言葉がほしかったのか、と、自分の中の弱さや未熟さや果たされなかった思いを認めて、それでもよくここまで頑張ってきたねと、ねぎらうことです。

自分の中の魔物を赦《ゆる》せるようになると、目の前にいる子どもの努力や成長に目を向け、ありのままの子どもを受け入れることができるようになります。

私は、子育てにおいて最も大切なのは子どもを「見る」ことだとよく述べています。拙著『勇者たちの中学受験』（大和書房）に登場するある母親は、壮絶な試練の末に「私、見えるようになった」と言います。「指輪」の呪縛から解き放たれ、「目が覚めた」瞬間です。以下、

『愛するということ』（エーリッヒ・フロム、鈴木晶訳、紀伊國屋書店）より引用します。

尊重とは、その語源（respicere＝見る）からもわかるように、人間のありのままの姿を見て、その人が唯一無二の存在であることを知る能力である。尊重とは、他人がその人らしく成長発展していくように気づかうことである。（中略）いうまでもなく、自分が自立していなければ、人を尊重することはできない。

これが、子育てにおいては、子どもをありのままに「見る」ということ。子どもを自分と対等な存在として尊重することであり、そのためには親自身の精神的自立が不可欠だということです。

親は自立しているはずです。でも、中学受験という世界の内側だけを見ていると、よりどころを失い、足下がぐらつきます。だから熱くなりすぎて、〝いい点数を取らせるために主体性を殺す〟のような本末転倒を平気でしてしまう。中学受験界隈では、親のいわば「本末転倒力」が爆上がりしているのをよく見かけるんですよね。

自立を取り戻すには、中学受験の外に目を向けることです。そこに自立の土台があるはずだからです。

最初から完璧な親なんていない

中学受験は過酷です。過酷な環境から子どもを守りながら、いい中学受験にする際に、一番の脅威は親の中に棲んでいる魔物です。親は覚悟と勇気をもって、自分の中の内なる魔物と対峙する。これこそが子どもを守るということなんじゃないでしょうか。

自分の中の魔物に打ち勝ち、入試本番までに親が子どもを「見る」ことができるようになっていれば、どんな結果であれ、中学受験を笑顔で終えることができます。エビデンスなんてありませんけど、これまでの取材経験から得られた確信です。その意味で、中学受験の真価は合否の結果にあるのではなく、入試本番までの道のりにあるのです。そこで『気流の鳴る音』（真木悠介、ちくま学芸文庫）から引用します。

芭蕉は松島をめざして旅立つ。「奥の細道」の数々の名句をのこした四十日余の旅ののち松島に着く。しかし松島では一句をも残していない。「窓をひらき二階をつくりて、風雲の中に旅寝する」一夜を明かすのみで、翌日はもう石巻に発っている。松島はただ芭蕉の旅に方向を与えただけだ。芭蕉の旅の意味は「目的地」に外在するのではなく、奥の細道そのものに内在していた。松島がもしうつくしくなかったとしても、あるいは松島にたどりつくまえに病にたおれたとしても、芭蕉は残念に思うだろうが、それまでの旅を空虚だったとは思わないだろう。旅はそれ自体として充実していたからだ。

最初から完璧な親なんていません。私だっていまだに親としては失敗の連続で、いつもベストな受け答えや思考ができるわけではありません。失敗しながら少しずつ学び、成長していけばいいんです。失敗を学びに変えるヒントとして、本書を読んでもらえたのなら本望です。子どものテストの後の解き直しと同じです。

これまでは子どもに対してつい脊髄《せきずい》反射的にリアクションして、傷つけるような言葉を言ってしまっていたかもしれないけれど、本書のレッスンを通して「この言葉を発したら、子どもはどう感じるだろう」と思考できるようになるだけでも、中学受験に対する構えが、大きく変わってくると思います。

挑戦したこと、努力したこと、立ち直れたこと、そして、感謝できたこと……。

その後の人生において再び試練に立ち向かう時に必要になるであろう教訓に気づかせてあげることが、中学受験生の親の役割だと思います。そういう広い視野で考えると、多少は目の前のことにとらわれにくくなるはずです。

あとがきにかえて

※2022年12月4日に実施された首都圏模試センター主催「合判模試」会場での保護者会講演の書き起こし。

模試の結果や偏差値表を駆使して慎重な併願戦略を

いよいよ12月に入りまして、6年生の親御さんにとっては、中学受験という長い旅路の胸突き八丁かと思います。年を越してしまえば、あとはどどどーっと進んでいく時期に入ります。今が一番しんどい時期かなと思います。この会場には5年生の親御さんもいらっしゃると思いますが、1年後の自分をイメージして聞いてもらえればと思います。

たとえば元塾講師だったら、過去問の仕上げ方とか苦手分野克服の方法とか、そういう具体的なお話ができるのかもしれませんし、あるいはデータを扱うのが専門の人なら、出願状況予想みたいなデータ的な話ができるのかもしれないんですけど、私、ただのしがない物書きなんでですね、テクニカルなことはあんまりお話しできないんですけれども、いろんな中学受験のあり方、ご家庭の様子であったりとかを取材してきた経験から、これからの時期に親御さんがどういう心構えでいたらお子さんにとって幸せか、そんな話をさせていただければと思っています。

今日が実質的に最後の模試だとなると、今日のこの模試の結果によって最終的な志望校が決まるという意味合いがありますよね。まだ揺れ動いているご家庭は多いかと思います。お子さん自身が強く望んでいる第一志望であれば、仮に今回の模試の結果が思わしくなくて合格可能性が低くても、そこは譲らなくていいんじゃないのっていうのが、多分、多くの中学受験関係者に共通する見解だと思います。

お子さんが自分の意思で「この学校!」って強く思っているんであれば、それを「無理でしょ」って言っちゃうっていうのは、ものすごいモチベーションダウンにつながりかねないので、「最後まで諦めないでやろう」と応援してあげていいかと思います。お子さんがその第一志望にあんまりこだわりがなくって、どっちでもいいんだよねって言ってるんであれば、そこは大人の視点で可能性が高いほうをアドバイスしてあげてもいいと思いますが、何にせよ、お子さんの納得が一番かなと思います。

ちょっと難しいのは、複数回入試が設定されている学校が第一志望の場合ですね。いくら第一志望とはいえ、どこまで深追いするか。先ほど第一志望を諦めなくていいと言いましたけども、難易度が上がる2回目、3回目の入試をどこまで深追いするのかっていうのはなかなか難しいところです。

せっかく第一志望のために頑張ってきたんだから、2月1日の第一志望にはどんなことがあっても挑戦してみようという姿勢でいいと思います。でも、2回目、3回目の日程についてはさらに難易度が上がってしまうから、限られた入試のチャンスを、現実的に狙えるところに変えていこうという話し合いも、今日の模試の結果によっては必要かなと思います。その場合も、子ども自身が納得できるように、丁寧に子どもとコミュニケーションを取る必要があろうかと思います。

首都圏模試センターのデータによると、1人の中学受験生が6回から7回の中学入試を受けています。当然ながら第一志望に偏差値が届いてるのか届いてないのか、それぞれに状況は違うと思いますけれども、そこに5割、8割の確率で合格がもらえそうな学校をいくつか併願していく。その時に偏差値ってのは非常に重要になってくるわけですよね。

80%偏差値表とか、50%偏差値表とかあるかと思いますけど、やっぱり80%のほうだけ見ててもわからないことがあります。80%の偏差値表ではただの高嶺の花に見えた学校でも、50%の偏差値表を見ることで、「あれ、五分五分だ！　2回受けたらどっちかでは受かるかも!?」って思えてくることがあります。

ちなみに五分五分の合格可能性のところを2回受けたらどっちかで合格できる確率って何%かって皆さんパッとわかります？　算数で確率を勉強した6年生であれば簡単に解けると思うんですけども、両方とも受からない確率を計算するんですよね。そうすると0.5×0.5じゃないですか。25%の確率でどっちも不合格になるってことは、75%の確率でどっちかには受かるってことですよね。

第一志望はたとえば20%の合格可能性しかないならば、80%の確率で不合格になるということなんですけども、そこにたとえば合格可能性50%出てる学校も受けることにしますよね、もう1つ、合格可能性80%出てる学校も受けるとしますよね。この3校を受けると全落ちの可能性って何%になると思います？　0.2×0.5×0.8ですから8%です。つまり92%の確率でどこかには受かるはずです。

92%じゃ不安だと言うのなら、もう1つ合格可能性80%の学校入れときましょうか。それも早めに1日か2日の午後とかにね、入れときましょうか。万が一に備えて、2月1日、2日のうちに1つでも合格取っておくと、それが、入試が長引いた時の、何よりのお守りになりますからね。そうすると、先ほどの全落ち可能性8%が、1.6%まで下げられるんですよ。さらにね、50%のところをもう1つ受けることにすれば、全落ちの可能性は0.8%まで下がります。つまり99%の可能性でどこかには受かる。5校をバランス良く受ければ、こうやって全落ち回避の作戦を立てることは可能なんです。

中学受験の裾野が広がって、2020年くらいから総受験者数が総募集定員を上回ってしまいました。まだ女の子の場合は総受験者数よりも総募集定員が多いのでいいんですけど、男の子の場合、受験者数に対する募集定員がもう85%ぐらいしかないんですね。だから7人に1人はどこにも入れないということが起こり得る。ということなので、特に男の子の場合は慎重に、併願戦略を練ってほしいと思います。

縁起でもないことを想定しておくのも親の役割

あとはですね、心構えとして、これからの時期に親御さんとして気をつけておいたほうがいいことを何点かアドバイスしようかと思います。

一つめは、もう今回の模試が終わったら本当の入試が終わるまで、お子さんに対してネガティブなことは一つも言わなくていいんじゃないかなということです。「なんでそんな余裕かましてんの？」とかね、「そんなことしてる場合ですか？」みたいについつい小言を言いたくなっちゃうこともあると思いますけども……。

だって小言を言われてやる気になる人っていないじゃないですか。まだ時間がある時だったら、ちょっと厳しいこと言って奮起に期待するみたいな作戦もありなのかもしれませんけど、この時期にそんな賭けをして、調子を崩しちゃったら、なおさら焦るじゃないですか。あるいは、思ってもみなかったネガティブなことが起こるかもしれませんよね。たとえば今日の模試でやらかしちゃった！みたいなね。あるいは入試の当日に何か忘れ物をしてしまったりとかね。あるいは本当にもう不可抗力的に、入試当日に電車が止まってしまったとかというふうなこともあるかもしれません。そういう時にね、子どもが安心して目の前の問題に集中できる状況をつくってあげるのが一番の親の役割なわけです。

そうなると親御さんも焦ると思いますけど、自分自身が焦ってる時ほど、根拠なく「大丈夫！」ってニコッて笑ってね、「お父さん、お母さんに、任しといて。大丈夫だから！」って笑顔で言ってあげて、子どもを落ち着かせてあげなきゃいけません。咄嗟の時にそういうリアクションができるようにイメージトレーニングをしておくといいんじゃないかなと思います。

入試当日に何が起こるかわからないということで、いろんな準備をされるかと思います。午後入試に行く時に昼食をどこでとるかとか、大雪が降った時にどんな交通手段が使えるのかとか、ある程度はシミュレーションしておく必要があろうかと思いますけれども、一方で、あんまり細かいトラブルまで想定して準備しすぎるとね、かえって緊張感が高まっちゃうと思います。親の緊張感は子どもに伝わっちゃって子どもの足を引っ張りかねないので、あんまり心配しすぎないように、なんとかなるさと大らかに構える気持ちも大切です。

二つめに、いよいよ入試の本番が始まったら、もうSNSを見ないほうがいいんじゃないかなって思うんですよね。見ないほうがいいし、書き込まなくてもいいんじゃないかな。スマホから一旦SNS系のアプリは削除しちゃってもいいでしょう。自分の気持ちが不安定な時に見てしまうと、どうしたって心に影響が出てくるので。

そのうえで、これも皆さんへのご提案です。仮に入試が早く終わったとしてもSNSへの合格報告投稿は、ちょっと待ってあげてもいいのかなと思います。5日あるいは6日までずれ込む方々もいらっしゃって、そういった方々は非常にしんどい気持ちで過ごしているわけですよね。その人たちもSNSなんて見なきゃいいんですけど、冷静じゃないからこそついつい見てしまうっていう気持ちも、皆さんもおわかりになろうかと思います。

心配してくれてる方がいらっしゃいますからね、できるだけ早く報告したくなるとは思いますけれども、それは個別に連絡すればいいわけで、SNSへの合格報告は、5日くらいまでは待ってもいいんじゃないかなと。4日、5日まで合格がもらえない状況にあることがどんだけしんどいことかってことは、皆さんも想像できますよね。一緒に頑張ってきた仲間への、それが無言の励ましなんだと思ってですね、少し待ってあげる気遣いもできるといいんじゃないですかね。

早いタイミングでいい結果をもらえて中学受験が終了した時に、「だけどまだ頑張ってる子いるんだよね。彼らも納得できる結果が得られるまで頑張ってほしいよね」って、そんな会話を親子で最後にできたら、中学受験の締めとして、すごく大事なことかなと思います。

三つめに、ちょっと縁起でもないことを申し上げることになるんですけども、まさかが起こるのが中学受験なわけですよ。

リアルな掲示板での合格発表をやっている学校はありますよね。その瞬間そこにいるだけでいろんなドラマが見えちゃうと学校の先生たちは言います。当然、合格して「やった！」って抱き合って泣いている親子もいれば、ガクッと肩を落として動けなくなっている親子もいる。

不合格を見た瞬間にお母さんがハンドバッグをストンと落としちゃって、その場に跪《ひざまず》いちゃって、それからしばらく不合格になった男の子は隣でニヤニヤ笑って立っているしかできなかったって。ある学校の先生から教えてもらったんですけど。その子がその時どんな気持ちでそこにいたのかと思うと……。その経験は、その子の心にものすごい傷を残してしまいますよね、きっと。もちろんガッカリするのはわかりますよ。でもそこは頑張ろうよって。

親なんだから。子どもを守ってあげなきゃいけないんだから。そういう親としてのリアクションが、子どもにとっての中学受験の後味を大きく左右することになりますからね。

何が言いたいかっていうと、まさかのことが起きた時に気丈に振る舞えるように、そういう場合のリアクションを決めておいて、咄嗟の時には自分の意思と関係なく、自分の気持ちと関係なく、自動的にそれができるように自分をプログラミングしておいたほうがいいということです。縁起でもないですけども、そういうケースのことも想定して心の準備をしておく。これはね、親御さんの義務なんじゃないかとさえ思います。

今回が初めての中学受験体験だという方にとっては、これから何が起こるかわからなくて不安ですよね。そういうイメージトレーニングとしてですね、今書店にたくさん並んでいる『勇者たちの中学受験』という本をお読みいただけるといいかなと思います。1月になってから何が起こるのかなっていうイメージトレーニングになるんじゃないか思います。すいません。なんか宣伝みたいで、宣伝なんですけどね（笑）。

「読むのが怖い」みたいな意見もちらほら聞くんですけども、決して怖いこと書いているわけじゃなくって、2022年の1月から2月に何があったのかっていうことを3組の親子に話を聞いて、それをほぼそのまんま書いているだけなんです。知り合いのいろんな中学受験関係者にも見てもらいましたけど、「話の内容自体はいたってあるあるだよね」って言われます。決して恐怖を煽っているわけじゃないんです。

でも何が怖いのかっていうと、要するに、親として受け入れがたい現実がやってくるってことが書かれているんですよね。自分がこの状況に置かれた時にそれに耐えられるかどうかっていう恐怖のようなんです。本を読んでくれた現役の中学受験生の親御さんたちと話してヒアリングしたんですけれど。

だからそこが怖いんだとすれば、なおのこと、いきなりそれを経験するよりも、他人事《たにんごと》で少しでもイメージトレーニングさせてもらって、免疫をつくっておくほうがいいじゃないですか。要するにワクチンですよ。

親御さんの笑顔が子どもにとっては満開の桜

「おおたさんの言うことはよくわかりました。だけど、ハラハラドキドキ不安でいっぱいなんです。どうしたら親としてでんと構えていられるようになりますか？」って聞かれることがあります。中学受験の親だったらドキドキして当たり前ですよ。

気分転換するのもいいでしょう。マッサージに行ったりとかね、子どもが塾に行ってる間に夫婦で何か美味しいものを食べてもいいでしょうね。でも親御さんが心の安定を得るために一番すべきことは、お子さんの横顔をよく見ることだと思います。

お子さん自身もね、数カ月後、数十日後に自分はどうなってるんだろうという不安の中でね、不安から逃げたい気持ちがありながら、やっぱりやんなきゃいけないっていうふうに気持ちが揺れ動いてる中で、過去問に挑んだりするわけですよね。その横顔を見ていると、「こんなに頑張ってるんだから、この努力が報われてほしい」と当然思うと思います。でも一方で、その横顔を見てると、「でもこんだけ頑張れるようになったんだから、もう結果なんてどうでもいい」という気持ちも湧いてくると思うんです。

我が子の努力がどうしても報われてほしいんだけど、一方で結果なんてどうでもいいって思える。このアンビバレントな感情を、多くの受験生の親御さんがこの時期経験するんです。そこまでいったご家庭っていうのは、中学受験して良かったたって、最後笑っているんです。

せっかく中学受験という大きなチャレンジを選択したのであれば、点を取るためのスキルのようなものだけでなく、その後の人生の糧になるような大きな教訓を、子どもには得てほしいですよね。むしろそういうものが得られたと実感できると、結果が怖くなくなるんです。中学受験を通して親から子にたとえばどんな教訓を伝えられるかは、拙著『中学受験生に伝えたい勉強よりも大切な100の言葉』(小学館)という本にまとめてありますので参考にしてみてください。

それでももし不安が強いんであればね、模試の結果ばっかりあるいは偏差値一覧ばっかり見てて、もしかしたらお子さんの横顔が見えてないのかもしれない。不安を強く感じた時こそ、お子さんの横顔を見てください。真剣なまなざしをしている瞬間があると思います。

そこをじっと見ていると、先ほどのアンビバレントな気持ちを味わうことができるんじゃないかと思います。中学入試が終わるとしばらくその表情は見られませんからね。「中間試験、何それ?」みたいな(笑)。

せっかくそうやって見ようとしているのに、ときどきね、そんな時期なのに、「なんでこんなふざけたことばっかりしてるの?」って感じることもあろうかと思いますけども、子どもって本音と裏腹のことをやりますからね。すごく緊張してるとか、不安な時こそふざけちゃったりとかね。なんか表面的にふざけてる、やる気がなさそうに見えるという時こそ、「何やってんの!」って叱るんじゃなくて、その裏の心理状態をよく見るようにして、想像力を働かせてほしいと思います。

想像してもわかんないですよ、本当のところはね。わかんないからこそ、やっぱり、やる気がないんだと勝手に決めつけないことですよね。揺れ動いてる気持ちの中でこの子も頑張ってるんだね、この子なりのベストを尽くしてるんだねと。そういうふうに子どもを信頼してあげる、信用してあげる。親が先に信頼してあげるから、子どもはその信頼に応えようとするんですよね。信頼の前貸しをしないといけないんですよ。いつ返してくれるのかわからなくても。

そうやって最後にね、入試本番、特に第一志望、本命を受けに行った時に、我が子の背中を見送ることになるわけです。「ああ、もう親には何もできない。この子1人で頑張るしかないんだ」という気持ちで皆さん、背中を見送ることになります。そこでね、もう自分にやれることはないんだっていう爽やかな無力感を感じることができたら、僕はその中学受験は大成功だと思います。そこで、親の子離れができてるわけですからね。中学受験の非常に象徴的なシーンだと思います。本当に感極まると思いますけれども、その気持ちを心に刻んでいただくと、その後のまた波乱万丈な思春期の多感な時期を上手に乗り越えられるんじゃないかと思います。

あと数カ月で皆さんの中学受験が終わりますけれども、ほとんどの親御さんが何らかの後悔を口にします。あの時もっとこうしてあげれば良かったみたいな。だけど、ちょっと考えてみてほしいんですけど、タイムマシーンみたいなものに乗ってあの時ああしてあげれば良かったって瞬間に戻ってやり直しをしたら、じゃあ、後悔のない完璧な中学受験に本当になるでしょうか。

確かにその時にやってしまった失敗は修正できるかもしれない。だけどそうしたら、別のところで別の後悔をすることになるかもしれないわけですよね。つまり、誰だって、一つや二つじゃすまない後悔があると思いますけど、でもそれ以上に、皆さんが自分でも気づかないうちにうまくやっていたことがたくさんあったはずなんですよ。要するに後悔なんていくつかあって当然で、それ以上に皆さんは親として適切な対応をずっとやってきたからこそ、今日、ここまでたどり着けてるわけです。これだけ大変な中学受験を最後までやりきったら、子どもはもちろん立派だし、親御さんも立派なことだと思います。

結果に関してね、いわゆるほろ苦さっていうのもあると思います。でも、せっかく中学受験するんだったら、これなんかは私がへそ曲がりだからなのかもしれませんけど、せっかくだったら合格だけじゃなくて、不合格も味わってほしいなって思いません？　悔しさみたいなものも経験としてね、味わってもらえたら、それもその子の人生の厚みになっていくでしょうから。

ほろ苦さの経験は、子どもにも味わってほしいですし、親御さんも心配しなくても多くの場合、ほろ苦さがね、どっかにやっぱり残るもんですよ中学受験って。ほろ苦さを受け入れられた時に、そのほろ苦さが味わいに変わるんです。子どもの頃ってコーヒーとかビールを飲んでも何が美味しいのかわからないじゃないですか。ほろ苦さを味わいだとわかるようになるのって、まさに大人の階段をのぼるってことだと思うんです。

思い通りにならなくて悔しい思いをしたとしても、「でもこの経験があったからこんなことに気づくことができた」とか「こういう苦々しい経験が目を覚まさせてくれた」とか、そこに何らかの意義づけができるようになると、その苦々しい経験が自分たちの糧になるんですよね。教訓を得たことになる。

ほろ苦さがない人生って、味気ないじゃないですか。何でも思い通りになる人生って、すぐ嫌になっちゃうと思いますよ。面白くも何ともないと思う。中学受験においても、ほろ苦さが残ったとしたら、そこに意義づけをすることによってそれを糧にして成長につなげることができる。それが人生の味わいとして、その子の人生を支えることになる。

そういうように、受験が終わった時に残っているほろ苦さに意義づけをしていくことを、「中学受験のエピローグを書く」って僕は表現しています。最後の合否結果がわかった瞬間に中学受験がおしまいになるわけじゃないんですよ。親子で歩んできた道程に意義づけをしていく段階が、そこから始まるんです。中学受験のエピローグをうまく仕上げることさえできれば、どんな中学受験だってハッピーエンドにすることができるんです。親の価値観、視野の広さみたいなものが、あるいはストーリー力が、すごく問われるところだと思うんですけども、最後そこでね、親の力を発揮していただきたいなと思います。

何とか自分の好きな学校に行きたいって思うことも当然モチベーションになってますけども、実はそれ以上にね、親御さんの喜ぶ顔が見たいと思って頑張ってるんですよ、まだ12歳の子どもたちは。皆さんも薄々お感じかと思いますけれども。

そうやって今まで子どもがね、親を喜ばせようと思って頑張ってきたわけですから、最後の最後ね、親が子どもを喜ばせる番ですよね。要するに親御さんが喜んでくれれば、子どもたちも嬉しいわけですよ。だったら喜んであげればいいじゃないですか、どんな結果であったとしても、無条件に、胸を張って。

複雑な気持ちはあるかと思いますよ、結果によっては。だけどその結果を思い切り喜んであげて、そしてハッピーエンドのエピローグを書いてあげることができれば、子どもは満足できるんですよ。

きっとこれまで、『ロード・オブ・ザ・リング』とか『ネバーエンディング・ストーリー』みたいな日々でしたよね。悲しみの沼があったり、途方に暮れるような回り道をしなければいけなかったり……。でもそれでもなんとか諦めないで進んできて、皆さんはとうとう、大冒険の最終幕を迎えてるわけですよね。そこで最後、親御さんが喜んであげれば、笑顔になってあげれば、その大冒険は子どもたちにとって大成功になる。「12歳の時、自分なりに頑張ったよな。それをお父さんもお母さんも喜んでくれたよな」というふうに思えると思います。

それが子どもにとって、人生のお守りになる。

「桜咲く」って表現するじゃないですか。だけど結局、子どもにとっての桜って親御さんの笑顔なんですよ。

親は大きな希望を抱いて中学受験を始めるじゃないですか。でも途中でいろんな現実にぶち当たってもがきながら、さっきのアンビバレントな感情を味わって、ある意味での悟りに達するわけですよね。その末に、「なんだ、桜咲くって、自分が笑顔になればいいだけじゃん！　なんだ、自分が桜なんじゃん！　なんだ、結局自分なんじゃん！」と気づくわけですよね。

自分の笑顔が子どもにとっての満開の桜なんだと思えるようになれば、中学受験は必ず笑顔で終われるんです。それが私が提唱している「中学受験必笑法」の心意気です。「ひっしょう」の「しょう」は、「勝つ」ではなくて「笑う」。「必ず笑う」です。『中学受験「必笑法」』（中公新書ラクレ）という本にもなっています。

残りわずかな時間になって、大変しんどいところかとは思いますけれど、「必笑」を目指して残りの旅路を堂々と歩んでいただきたいと思います。

おおたとしまさ

教育ジャーナリスト。1973年、東京都生まれ。麻布中学・高校卒業。東京外国語大学英米語学科中退、上智大学英語学科卒業。1997年、リクルートに入社し、雑誌編集に携わる。2005年に独立後、数々の育児・教育媒体の企画・編集に関わる。いい学校とは何か、いい教育とは何かをテーマに教育現場のリアルを描き続ける傍ら、講演・メディア出演も多数。中学・高校の英語の教員免許を持ち、私立小学校での教員経験や心理カウンセラーとしての活動経験もある。著書は『ルポ名門校』『ルポ塾歴社会』『中学受験「必笑法」』『なぜ中学受験するのか?』『勇者たちの中学受験』など80冊以上。

中学受験生《ちゅうがくじゅけんせい》を見守《みまも》る最強《さいきょう》メンタル!

2023年10月30日　初版第1刷発行
2023年11月25日　2刷発行

著者　おおたとしまさ

装幀　西垂水敦・内田裕乃（krran）
装画　Jody Asano
編集協力　宇野安紀子
編集　樋口健
組版　堀内印刷
印刷所　堀内印刷
製本所　ナショナル製本
発行者　三宅貴久
発行所　株式会社光文社
郵便番号112-8011
東京都文京区音羽1-16-6
ノンフィクション編集部 03-5395-8172
書籍販売部 03-5395-8116
業務部 03-5395-8125
メール non@kobunsha.com

落丁本・乱丁本は業務部へご連絡くだされば、お取り替えいたします。

ISBN978-4-334-10097-1